生命《いのち》のトリセツ

——自殺をしても楽にはならないナルホドな理由——

日蓮宗僧侶　内田日泰〔著〕

はじめに

この本を書くきっかけは、未成年者の自殺が増えてきたことです。私は人の生命《いのち》と関わるひとりの僧侶として、大切な生命を自ら絶つことなく、未来に希望が持てるようにという思いを込めてこの本を書きました。

以前は交通事故による死亡者が三万人を超えた時代もありましたが、いまは一万人を下回っています。その一方で、自殺者は年々増加し、近年は毎年三万人を超えています。

とくに妊娠中や出産後の女性をはじめ、高校生や中学生、さらには小学生というような未成年の自殺が年々増加傾向にあることは、非常に悲しい現実です。夏休み明けに自殺者が多いことから、政府や自治体がいろいろな対策をしていますが、あまり効果をあげていないようです。

近年では、公文書などで自殺を「自死」と言い換える自治体が相次いでいます。「自殺」には「命を粗末にした」という印象があり、残された者がさらに傷つくとの声が一部の遺族から上がっているためです。ただ、自殺のイメージを和らげることは予防の観点からはよくないという意見もあり、議論が続いています。この本では、仏教的な見解や予防のスタンスを鑑《かんが》みて、「自殺」の表記でいきたいと思います。

さて、人間は生まれてきたときから苦しみを受ける生きものだと、仏教では説いています。これを「四苦八苦」といい、「一〇八煩悩《ぼんのう》」ともいわれています。

①**生**《しょう》(生まれてくる苦しみ)
②**老**《ろう》(老いる苦しみ)
③**病**《びょう》(病になる苦しみ)
④**死**《し》(死ぬ苦しみ)

これを「四苦」と称し、この四苦に次の四つを合わせて「八苦」といいます。

❶**愛別離苦**《あいべつりく》（愛する人と別れる苦しみ）
❷**怨憎会苦**《おんぞうえく》（会いたくない人と会わなくてはならない苦しみ）
❸**求不得苦**《ぐふとっく》（欲しいものが思うように手に入らない苦しみ）
❹**五陰盛苦**《ごおんじょうく》（身体的・知的あるいはその能力に対する苦しみ）

これらの苦しみからは、どんなに身体的・知的能力があっても決して逃げることはできません。お釈迦《しゃか》様でさえ老いて、病で死んでいます。人間として四苦八苦に悩まない人は、ひとりもいないのです。

また、妊娠中や出産後の女性の方にお願いです。子育ては絶対にひとりではできません。これは科学的にも証明されていますので、お母さんが悪いのではありません。そして二四時間三六五日ひとりで子どもの面倒を見ていると、必ずうつ病になってしまいます。「子どもは自分の身の周りの人たちとみんなで育てる」という意識を持ってください。もし周りに頼れる人がいなければ、現在は行政にいろいろなサービスがあり、一時的に子どもを預けられるところも増えてきています。たいへんなときはがんばりすぎず、近くの市町村役場などに相談されることをオススメします。

人間が生まれることは、本当に奇跡としか言いようがありません。このことを仏教では、次のように説いています。

高い山の上から地面に立てた縫《ぬ》い針《ばり》に糸を垂らしたとき、「この針の穴に糸を通すよりも、人間に生まれてくることは難しい」というのです。この山よりもっと低い東京スカイツリーのいちばん上から糸を垂らして地面に立てた縫い針に糸を通すことを考えてみれば、ほとんど不可能に近いと想像できるでしょう。

また、人間が生まれてくる確率を計算した人がいます。その人によると、男性が一生のうちにつくる精子の数は約一兆個、女性が一生のあいだにつくる卵子の数は約五〇〇〇個で、仮に子どもを二人出産したとすると「一兆×

「五〇〇=五〇〇兆通り」の人のなかから二人を選ぶ確率は、これを二で割って二五〇兆分の一となります。つまり、生まれてくる人間は二五〇兆という人のなかから選ばれたひとりなのです。

これを一万円札で考えてみましょう。一万円札で一億円分の厚みは約一メートルなので、二五〇兆枚分の厚みは約二五〇〇キロメートルとなります。これは日本の本州と九州を合わせたくらいの長さに一万円札を立てて並べた距離になります。先述の人間が生まれてくる確率は、その膨大《ぼうだい》な量のなかの一枚ということです。

このように、人間として生れてくることは、ほんとうに奇跡なのです。世の中には病気で、生きたくても生きられない子どもたちが大勢います。私自身、七歳の三男を病気で亡くしていますので、子どもを亡くした親の気持ちはよくわかります。

また、この世に必要のない人間はひとりもいません。たとえ病気や障害があったとしても、人は平等に生命をいただいているのです。能力の違いはありますが、人間として地球で生きていくことは、全人類に共通して平等なのです。

ぜひ、生きづらさを感じている人に、この本を読んでいただいて「生きる選択」をしてほしいと願ってやみません。

伝法《でんぽう》阿闍梨《あじゃり》 日泰《にったい》

目次

第一章

自殺をするとどうなるのか？

(一) 自殺をすると地獄《じごく》に堕《お》ちる

自殺をするとどうなるのでしょうか？ 現状がものすごく「しんどい」から、死ねば楽になると思って人は自殺をしますが、ほんとうに死ねば楽になるのでしょうか？

その答えはＮＯです。理由は次のとおりです。

人間の生命には「一〇種類の生命」があり、そのなかに「仏様と同じ生命」があるので、自殺をすると心の奥にある仏様を自分で殺すことになってしまいます。仏様を殺すことはいちばん重い罪となるため、「無間《むげん》地獄」という地獄のなかでもいちばん暗く、深く、苦しいところへ堕ちてしまうのです。

その結果、現在の非常につらく悲しい苦しみより、もっともっとつらく苦しい死後の世界へ堕ちていきます。ですから、死んでも決して楽になることはないのです。それどころか、いま以上に必ずもっと苦しくなるのです。

無間地獄は「間が無い地獄」という意味です。一般に私たちの苦しみは一日中ずっと続くわけではなく、解放される時間が少しくらいありますが、無間地獄にはそれがないので、間断なくつらく苦しい状態が続くのです。

(二) 地獄の世界とは

地獄は、人間の「一〇種類の生命」のなかのいちばん下の生命活動をいいます。地獄の「地」とは「最低」という意味で、「獄」とは「鎖でつながれたり、縄でしばられたり、拘束《こうそく》された不自由な状態」のことをさします。

地獄には、経典によっていろいろな種類が説かれています。たとえば、熱い地獄には「八熱地獄《はちねつじごく》」、寒い地獄には「八寒地獄《はっかんじごく》」があり、それらよりも少し軽い地獄として「十六小地獄《じゅうろくしょうじごく》」などが存在します。

地獄とは具体的にどのようなところなのでしょうか？

江戸時代には、重い罪を犯すと「火罪《かざい》」という火あぶりの刑に処されました。ほとんどの人が火傷《やけど》をした経験があると思います。瞬間的に熱いと感じ、そのあとで痛みが出ますが、火傷をした面積が広ければ広いほどズキズキとした痛みも大きくなります。人は自分が耐えられる痛みの限界を超えると、そのまま気を失ってしまうので、個人差はあるものの、火罪ではほとんどの人が気を失ってそのまま死んでしまったそうです。

自殺をして無間地獄に堕ちると、火罪のような熱さと痛みが繰り返され、死ぬほどつらい目にあいます。仮に自分が死んだような状態になっても、一度死んでいるので瞬時に生き返り、その痛みと苦しみが非常に長い期間にわたって続くのです。

経文《きょうもん》(仏教の経典)によっては、地獄に堕ちている時間の長さを五〇〇年と説いたり、一〇〇〇年と説いたり、あるいはそれ以上としています。これは、いったん地獄に堕ちてしまうと、非常に長いあいだ抜けだせないことを示しています。

反対に、寒い地獄もあります。北極や南極といった極寒の地に、裸で外に放りだされたようすをイメージしてみてください。寒さでブルブルと震《ふる》えながら手足を折って丸くなると、背中の皮膚《ひふ》が寒さでひび割れ、出血した部分が凍《こお》っていきます。寒さと痛さが繰り返され、非常につらく苦しい状態が続く無間地獄もあるのです。

人はそれぞれ違った苦しみを味わい、いろいろなことで悩みます。「なぜ私が?」「なぜこんなに苦しみを受けなくてはならないのか?」「何も悪いことをしていないのに、なぜ次々と試練が降りかかるのか?」などと悩んで自殺する人は少なくありません。悪いことが起こる理由については、「宿業《しゅくごう》」のところで詳しく説明します(58ページ参照)。

ここまででみなさんに知ってもらいたいのは、自殺をすると無間地獄というとんでもないところへ堕ちてしまうという法則です。そして生きている現状の苦しみよりも、もっとつらく苦しい死後の世界へ行ってしまい、それが非常に長いあいだ続いてしまうという仕組みです。

㈢ 死後の世界は受け身になる

　地獄に堕ちた死後の世界は、「受け身の状態」になります。これは、生きているときはお気に入りの音楽を聴いたり、遊びに出かけたり、友達とおしゃべりをしたり、趣味を楽しんだりと、いろいろなことが自分の意思で好きなようにできますが、死後の世界ではそうはいかないことを意味します。

　死後の世界は、自分の生きているときの行いである「業《ごう》（＝カルマ・八識《はちしき》・阿頼耶識《あらやしき》」によって、その「業」の「因果《いんが》」にふさわしい「報《むく》い」に合った世界へ行ってしまいます。生きているときに実行した「業」が原因で、その結果（業果《ごうか》）にしばられ、つながれて身動きが取れない状態となります。

ですから、死後の世界は、嫌だから別のところへ行きたいと思っても、自分ではどうすることもできません。それは、あたかも睡眠時の夢の世界と同様になすがままとなります。人は夢を見ているとき、すべての場面において「こうしたい」「ああしたい」と考えても、思いどおりになりません。夢のなすがままです。

私は子どものころに、自分の身長の何倍もある恐竜に追いかけられる夢を何度も見ました。恐竜から一生懸命逃げるのですが、必ず沼地にはまって踏みつぶされてしまい、夢はいつもその場面で終わります。おそらく私の過去世の記憶が夢に顕《あらわ》れてくるのでしょう。そのとき、いくら自分で一生懸命に逃げて助かりたいと思っても、いつも同じ結末になってしまいます。

このように死後の世界は夢の世界とよく似ていて、「受け身」となり、自分ではどうすることもできません。ただ、ひとつだけこの地獄の苦しみから抜けだす方法があります。そのことは、あとで詳しく説明します（151ページ参照）。

第二章

業《ごう》（＝カルマ）とは？

(一)　身《しん》・口《く》・意《い》の三業《さんごう》とは？

「業」というのは、人が生れてから死ぬまでにした次のことです。

(1)　身《からだ》で行ったこと（身業《しんごう》）
(2)　口《ことば》で言ったこと（口業《くごう》）
(3)　意《こころ》で思ったこと（意業《いごう》）

この三つを「身・口・意の三業」といいます。そして、それぞれに「善業《ぜんごう》(=善い行い)」と「悪業《あくごう》(=悪い行い)」があり、それらによって死んだあとの世界が決まってしまいます。

つまり死後の世界は、「身・口・意の三業」で「善い行い」をたくさんすれば苦しみのない楽しいところへ行けますが、「悪い行い」をたくさんすればつらく苦しいところへ行ってしまうということです。

- **善業(=善い行い)をたくさんすれば、死後は楽しいところへ行ける**
- **悪業(=悪い行い)をたくさんすると、死後はつらく苦しいところへ行く**

(二) 身・口・意の三業の補足

① 口業について

私たちが放つ言葉にもいろいろあります。誰もが一度くらい嘘《うそ》をついたことがあるでしょう。人の心を傷つけて苦しめる嘘は「悪業」になりますが、嘘をつくことで相手の心を助けるケースもあります。

たとえば、ものすごく気の弱い人に胃ガン末期の余命宣告をしなければならないとしましょう。ほんとうのことを告げたら気を落として病気がもっと早く進んでしまうような場合、本人には胃潰瘍《いかいよう》であると嘘をついて安心させることでガンの進行を遅らせる結果になれば、「善業」の嘘となります。

また、子連れの親にあいさつをするときに「まあ、かわいいお子さんだこと」「ずいぶんとしっかりしたお子さんですね」など本心ではあまり思っていなくても、ほめてあげることは人間社会の潤滑油《じゅんかつゆ》のようなものなので、このような嘘をついても決して「悪業」にはなりません。

つまり「相手を苦しめ、悪い意味で悩ます言葉」は「悪業」になりますが、「相手のことを思い、励《はげ》ますような相手のためになる言葉」は「善業」となります。

② 意業について

私たちは毎日いろいろなことを心（＝意）のなかで考えます。人を憎《にく》み、恨《うら》み、嫉妬《しっと》することや、相手に死ねと思うことは「悪業」になります。しかし、病気の人に対して「治りますように」と心のなかで祈る思いは「善業」になります。

このように日常生活のなかでいちばん気をつけなければならないのは、意業（＝心のはたらき）です。なぜなら、心は人間の言動の中心だからです。心で考えてから私たちは言葉を発し、行動します。

③ 身業について

私たちがケンカをして相手を傷つけたり、体を使って意地悪をしたり、いじめたりすることは「悪業」となります。しかし、高齢者の方が重い荷物を持っていてたいへんそうなとき、代わりに荷物を持ってあげて助けることや、体の不自由な人にバスや電車の席を譲ってあげることは「善業」となります。

要するに、しあわせになるためには「身・口・意の三業」で「善業」をたくさん行うことです。一方、自殺をすると自分のなかの仏様の生命をこの三業で殺すことになるので、もっとも重い悪業を積んでしまい、結果的にいちばんつらく苦しい「無間地獄」という最悪な世界へ堕ちてしまいます。

じつは、私たちが死後の世界へ持っていけるものは、「身・口・意の三業」の「善業」と「悪業」だけなのです。この三業は、自分では意識できない「潜在意識《せんざいいしき》（＝七《なな》識《しき》・末那識《まなしき》・自我《じが》）」の奥にある「超潜在意識（＝八識・阿頼耶識・業・カルマ）」にあります。

「八識」は私たちには意識できない心の奥深いところにあり、数えきれないくらい遠い過去世からの「身・口・意の三業」すべてのデータが記録されているのです。また、このことを一般的には「霊魂《れいこん》」や「魂《たましい》」などと呼んでいます。私たちが「幽霊《ゆうれい》」とか「お化け」と称しているのは、「八識」のことなのです。

④ 身・口・意の三業はどれも同じ

もう少し「身・口・意の三業」について詳しく説明します。

たとえば、人を殺すのは悪い行いなので、「悪業」を積むことになります。このとき包丁《ほうちょう》や花瓶《かびん》といった刃物や鈍器などで人を殺す場合は、身で悪業を積むことになります（＝身業の悪業）。

また、脅《おど》しつけたり、嫌味を言ったり、罵声《ばせい》を浴びせたりして、相手の心を口で殺してしまう場合があります。これは口で悪業を積むことになります（＝口業の悪業）。

この二つは「殺人罪」「名誉毀損罪《めいよきそんざい》」といった法律で罰が与えられます。しかし、心（＝意）のなかでいくら「憎たらしいから死ね」「あんなやつ死んじゃえばいい」と思っても（＝意業の悪業）、警察に捕まることはありません。

ところが「身・口・意の三業」は、仏様から見ると「身で殺す」「口で殺す」「意で殺す」の三つはすべて同じ罪なのです。身で人を殺しても、口で殺しても、意で殺しても、自殺をしても、すべて相手や自分の仏様の生命を殺すことになるため、無間地獄に堕ちてしまうのです。ですから、「身・口・意の三業」でとくに気をつけなくてはならないのは、「意で悪業を積むこと」です。

たとえば、いくらやさしい言葉をかけて親切な行動をしていても、いつも心のなかに「愚痴《ぐち》」「不平不満」「憎しみ」「怒り」「恨み」「妬《ねた》み」などの感情を抱いていると、そのことが原因で死んでから苦しみの世界へと堕ちていってしまいます。

反対に、いつも他人の健康や無事を気づかい、人が「良くなるように」「しあわせになるように」と祈ることは、「意で善業を積むこと」になります。「身・口・意の三業で善業を積むように心がけること」で、死後は楽しく快適な世界へ行け、来世はいま以上に良い環境や条件で生まれることができるのです。

すべて同じ罪で地獄に墜ちる

- 身で人を殺す
- 口で人を殺す
- 意で人を殺す
- 自殺をする

第三章

死とは？

(一) 人間が死ぬとどうなるのか？

人間が死ぬと「五識《ごしき》（五根《ごこん》＝眼・耳・鼻・舌・身）」は火葬されて灰となり、なくなってしまいます。そして「六識《ろくしき》（＝心）」と「七識（＝自我・本能）」は、「八識（＝業）」のなかに取り込まれるのです。

じつは、「八識」の奥に「九識《くしき》」というものがあります。これを「仏性《ぶっしょう》」といい、仏様と同じ生命のことをさします。

●五識（五根＝眼・耳・鼻・舌・身）→火葬され灰になって埋められる
●六識（＝心）――→「八識（＝業）」に吸収される
●七識（＝自我・本能）――→「八識（＝業）」に吸収される

人間が死ぬとこうなる

【五識】眼・耳・鼻・舌・身
火葬・土葬され大地へ埋葬される

【六識】意・心・考え・思い →【八識】
八識に吸収される

【七識】自我・本能・煩悩 →【八識】
八識に吸収される

【八識】業・カルマ・霊魂
永遠に生き続ける

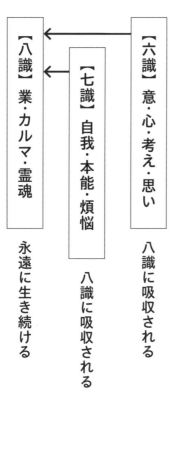

①八識の奥に九識がある

「八識」のさらに奥にある「九識」を、鏡（＝仏性）に例えて説明してみましょう。とてもきれいで清らかな鏡があります。その前には「八識」があり、私たちの「八識」のなかの「悪業」がこの鏡を曇らせて見えないようにしています。この鏡は「私たちの過去世・現在世・未来世の三世を映しだす」もので、「因果関係の悟り」を顕しています。この「三世の因果を悟っている」のが、「仏様の生命」なのです。

お釈迦様は自分が亡くなって二〇〇〇年を過ぎると「末法《まっぽう》時代（日本では平安時代末期ごろ）」に入り、すぐに怒ったり、人をだましたり、人のものを盗んだりと、善業よりも悪業を多く積んだ人がたくさん生まれてくると予言しています。末法時代に生まれてきた私たちの「八識」は「悪業」に覆《おお》われ、非常に汚れていて真っ黒なので、「九識」が隠れてしまってまったく見えない状態です。

この「悪業」で覆われている「八識」がすべて「善業」に変われば、光り輝くとても美しい心である「九識」が見えてきます。そうなるためには「善業」を積むことを心がけて、実行する必要があります。そうすれば、「八識」のなかの「悪業」が少しずつ「善業」に変わってくるのです。

こうして「悪業」が全部消滅して「すべてが善業に変わった状態」を「成仏《じょうぶつ》した」といいます。この状態になると、いっさいの迷いがなくなり、「行動（＝身業）」「言動（＝口業）」「心（＝意業）」のはたらきのすべてが仏様と同じになります。

なお、亡くなった人のことをすべて「仏《ほとけ》」と言う人がいますが、本来の意味からするとその言い方は間違っています。

② 八識は永遠の生命である

「八識」は永遠に生き続けます。それによって人間の生死が繰り返され、これを仏教では「輪廻転生《りんねてんしょう》」といいます。過去から未来へ向かって永遠に生死が繰り返されるようすは、次のようになります。

（永遠の昔である過去世から）

●生まれる（前世の業因の結果、業果にふさわしいところに生まれる）

↓

●死　ぬ（生きているときに善業と悪業の因を積む）

↓

（生きていたときの行いがすべて死相に出る）

（初七日忌《しょなのかき》から裁判があり、四十九日忌に判決がほぼ出る）

●死後の世界（現世で積んだ三業の善悪の業因によって決まる）

（死後の世界の期間は一定していない）

↓

●生まれる（前世の業因の結果、業果にふさわしいところに生まれる）

（善悪の業を積む＝因）

↓

●死　ぬ（業果として死相に顕れる）

↓

（善悪の業についての裁判がある）

●死後の世界（死後、次に生まれてくる期間は一定していない）

↓

（永遠に続き、未来永劫《みらいえいごう》に繰り返す）

人間は「生まれては死んでいき」「善悪の業の裁判を受け」「死後の世界で暮らす」というサイクルを、車の輪が転がるように永遠に繰り返します。ですから、輪廻転生というのです。

③ 生きているときの三業が「死後の世界」と「来世」を決める

私たちがこの世に生を受けて死ぬまでのあいだに実行した「身・口・意の三業」の「善悪の業」によって、「死後の世界」が決まるだけでなく、「次に生まれてくる『来世』の時代・国・場所・環境・父・母・地域・兄弟・姉妹・顔・身体・身長・能力・性別などのすべて」が決まります。そのため、いま生きているあいだにできる限り「善業」をたくさん積むことが大切です。

つまり、次の三つの善業を行うことが重要ということです。

(1) 人への励ましや心やさしい言葉がけ(口業の善業)
(2) 世のため人のために体を使って汗を流す行動(＝身業の善業)

(3) みんなが幸せになるように祈る思考（＝意業の善業）

いつも人を怒鳴《どな》ったり、文句ばかり言ったり、人を叩《たた》いたり、殴《なぐ》ったり、心のなかで人に嫉妬したり、死ねと思ったりしていると、苦しい死後の世界へ堕ちてしまい、来世に悪いことが起こる原因をつくることになります。

要するに、私たちの生きているあいだに積んだ「善業」と「悪業」が「業因」となって、来世を決めているわけです。その結果、報いにぴったりと合ったところへ、人は再び生を受けて誕生します。それを永遠に繰り返すのです。

●しゃべったことの善と悪
●行動したことの善と悪
●思ったことの善と悪

この三つによって「死後の世界」と「来世」が決定してしまいますので、どんなときでも決して「悪業」を積まないようにして、できるだけ「善業」を積むことを心がけてください。

なぜなら、人間は死んだら終わりではなく、必ず来世があるからです。「悪業」をたくさん積んでしまうと、死後の世界や次に生まれてくるときに非常にしんどい「果報」を受けなくてはなりません。

㈡ 五識・六識について

私たちには「五感《ごかん》(=眼・舌・耳・鼻・身)」があります。この「五感」で感じたことが心(=意)に伝達されます。この「五感」のことを仏教では「五識」とも「五根」ともいい、心(=意)のことを「六識」とも「(六根《ろっこん》のなかの)意根《いこん》」とも呼びます。

よくテレビなどで滝に打たれながら、修験者《しゅげんしゃ》たちが「六根清浄《ろっこんしょうじょう》、六根清浄……」と唱えているのは、このことです。つまり、「身も心もきれいにしてください」「きれいになれ！」と自分の心と身体を清めているのです。

① 六根について

六根とは次のようになります。

(1)「**眼根**《げんこん》」(視覚器官とその能力で)ものを見ると欲しい、食べたいという気持ち

(2)「**舌根**《ぜっこん》」(味覚器官とその能力で)食べ物をおいしい・まずいと感じたり、言葉で人を勇気づけたり、悲しませたり、安心させたりする感覚

(3)「**耳根**《じこん》」(聴覚器官とその能力で)好きな音楽を聴いてテンションが上がったり、自分に対する非難や悪口を聞いてテンションが下がったりする感性

(4)「**鼻根**《びこん》」(嗅覚器官《きゅうかくきかん》とその能力で)自分の好きな料理の匂《にお》いを嗅《か》いで急におなかがすいたり、反対に嫌いな臭《にお》いがするところからは早く逃げたくなる感情

(5)「**身根**《しんこん》」(触覚器官とその能力で)(=手や足など体全体で)自分の好きな人の体に触れたり、犬や猫を触って癒《い》やされたり、ケンカをして人を叩いたり、人のために汗を流したりする感触

(6)「**意根**」(思惟《しい》器官とその能力で)五根(1)〜(5)まで)から得た情報を集めて感じる「心のはたらき」

この(1)〜(5)までの「五根」に、「意根」を加えたのが「六根」です。人は「五根」で感じたことを、心である「意根」に伝えます。そして「五根」はそれぞれ別々のものではなく、「お互いに融通性《ゆうずうせい》」があるのです。

たとえば、アメリカ人の全盲《ぜんもう》の男性が、エコーロケーション(反響定位)を使って自転車に乗って町なかを走っている姿がテレビで放送されていました。ほんとうは眼が見えているのではないかと思うくらい爽快《そうかい》に走っているので、はじめは信じられませんでした。

しかし、エコーロケーションの説明を聞いて納得しました。それによると、舌

打ちをしながら自転車に乗って、その舌打ちした音の反射音を耳で聞いて障害物の「ある」「ない」を判断しているとのことでした。

さらに驚いたのは、その反射音を聞いて、目の前にある障害物の「硬軟さ」や「大きさ」までわかるというのです。これは「舌根」と「耳根」によって、「眼根」の役割を果たしているということです。

また、外出先から帰ってきたとき台所からカレーの匂いがすると、「鼻根」で感じた匂いからいつも食べているカレーを想像して、「眼根」で見ているように頭にイメージが浮かんできます。あるいは足音を聞いて、これはお父さんが帰ってきた、お母さんだ、お兄ちゃんだと、「耳根」が「眼根」の代わりになることもあります。

このように「五根」は、お互いに「心（＝意根）」を通じて融通性」を持っているのです。

② 六識について

「六識」とは「六根」のなかの「意根」をいい、私たちの「心」をさします。また、「六識」は人間の「脳のはたらき」をいいます。

人間の脳は、「大脳」「小脳」「脳幹《のうかん》」の三つに大別できます。

(1) **大脳**……知覚・記憶・感情などの高度な心のはたらきをつかさどる
(2) **小脳**……運動や姿勢の調節をする
(3) **脳幹**……呼吸・循環機能の調節など人間が生きていくために必要なはたらきをつかさどる

このうち「大脳」と「小脳」は、ある程度の損傷を受けても回復する可能性がありますが、「脳幹」は機能を失うと、生命を維持することができなくなります。

脳について、以前テレビで放送された医師の話を紹介します。アメリカの名門ハーバード・メディカル・スクールで長らく脳神経外科医として治療と研究にあたってきたエベン・アレグザンダー医師が、あるとき不思議な体験をしたそうです。

ある朝、彼は突然の奇病に襲《おそ》われ、またたく間に昏睡《こんすい》状態に陥《おちい》りました。脳が病原菌に侵《おか》され、意識や感情をつかさどる領域がはたらかない状態のなか、病室で家族が話している姿や内容を記憶していました。死後の世界を否定してきた彼は、昏睡中の自分が病室で体験したことを目覚めて回復したあとに語り、その「臨死体験」のときの状況の正確さが判明したのです。

彼は脳神経外科医ですので、自分が昏睡状態のとき、脳波がまったくはたらいていない状態で、家族が会話をしている姿やその内容を記憶できるはずがないことはわかっていました。そこで彼は心の奥に「何か」があることに気づいたのです。彼はこの体験をしたあと、死後の世界を信じるようになったそうです。

この不思議な体験は、仏教でいう「八識」のはたらきによるものです。私たちの心は、脳が活動していない状態でははたらきません。彼が家族の姿を見たのは

「幽体離脱《ゆうたいりだつ》」をしていたからです。「八識」が体から出て、再び体に入ったことで生き返ったのです。これは私たちが生と死の中間にいる状態をいいます。

また、意識不明の状態のとき、大きな川の向こう岸に亡くなった自分の両親や祖父母などがいて、こちら側に手を振って「こっちに来るなっ！」と言っているのが聞こえて、その場面で意識が戻って生還したという話はよく耳にします。

③ 五識・六識は八識とつながっている

この五識・六識と六根を三業に当てはめると、次のようになります。

● **身業** ——— 眼根・耳根・鼻根・身根 ……… 五識
● **口業** ——— 舌根 ………………………… 五識
● **意業** ——— 意根 ………………………… 六識

「五識」から得た情報は「六識」に伝わり、「六識」でまとめられたすべてのデータが「七識」を通って「八識」に記録されます。

今度は「八識」に集まったデータを「八識」のなかですべて処理して、その答えが「七識」を通って「六識」に伝わり、私たちが「好き」とか「嫌い」とか、あるいは「どのように話す」とか「どのように行動する」かの判断をしています。

人間が「五識」から得た情報を「八識」に送り、その情報を「八識」で処理して「好き」「嫌い」の判断をする時間は、約〇・六秒といわれています。その判断能力を可能にしているのが、「八識」に詰まっている「過去世からの膨大なデータ」なのです。

たとえば、「何色が好きですか？」と質問されたとき、仮に「黄色が好きです」と答えたとしましょう。そのあとで「それはどうしてですか？」と尋ねられると、「私が好きだから」としか答えようがありません。その「私が好き・嫌い」という答えを出しているのが「八識」なのです。

「身・口・意の三業」＝「八識」の膨大なデータで、私たちはいま起こっているすべての判断をしています。

このように、仏教では「五根」のことを「五識」といい、「五識」で感じたことはすべて「六識」である心（＝意）に伝達されます。私たちは「六識」までは認識できますが、この奥に「七識」「八識」「九識」という意識できない「潜在意識」「超潜在意識」「超層潜在意識」というのが存在します。

(三) 七識・八識・九識とは何か？

① 七識について

「七識」から奥は私たちが意識できない、心の奥のより深いところにある「潜在意識」「超潜在意識」「超層潜在意識」という領域に入ります。

「七識」は、「末那識」とも「自我」ともいいます。これは私たちが生きていくための「本能」であり、「煩悩」でもあります。また、「末那識」の末那とは「思量する」という意味で、その中核をなしているものは「自己を愛している領域の心」なのです。

「七識」をもう少しわかりやすく説明すると、「潜在的な本能」のことです。たとえば、赤ちゃんがお母さんのお乳を飲むことは誰にも教わらなくても、その口にお母さんの乳首を近づけるだけで自然に飲みます。これは赤ちゃんが持っている潜在意識の「七識」が機能して、お腹がすいてお乳を欲しがる赤ちゃんの「食欲」という「煩悩」が本能的にはたらいてお乳を飲んでいます。これも自分を愛する心がはたらいているからです。

人間はみんな「七識」を持っていますが、それを意識することはできません。また、子どもから大人へと成長していく過程で、だいたい中学生くらいになると徐々に「自我（＝七識）」が芽生えて強くなってきます。そうなると、「〝自分が〟という生命」が強くなり、自分と違う考え・意見・行動を見たり聞いたりすると、「いかり」の生命が出たり、「愚か（＝愚痴）」の生命が出てきて、お互いの自我同士が対立してケンカや争いになります。

たとえば、ささいなことですぐに怒る人、他人の持っているものを必要以上に欲しがる人、なにかにつけて愚痴をこぼす人などは、「自我の強い人」です。反対に、人に悪口を言われても気にしない人、少しバカにされてもニコニコしている人、宮沢賢治《みやざわけんじ》の『雨ニモマケズ』のなかに出てくるような人などは、「自我の弱い人」になります。

私のお寺を建てた宮大工さんは、中学校を卒業して宮大工の道に入ったそうです。お寺の上棟式《じょうとうしき》には、彼の同級生の大工さんが八人集まりました。そのときの会話で、「これからは腕の良い大工がいなくなるな」と誰もが口をそろえていました。なぜかというと、高校を卒業してから大工の道に入ると「自我」が芽生えてしまい、師匠の言うとおりに仕事をしないからです。中学卒業であればまだ「自我」が弱く、師匠の言うとおりに仕事をするので上達が早いとのことでした。

どこの世界でも、とくに「〇〇道」という文字がついているものには、必ず師匠がいます。華道や茶道にも必ず師匠がいて、言われたとおりにやらないと叱《しか》られます。師匠の言うとおりにできないのは、「自我」が強いからです。仏道の修行をするときも同じで、「自我」をなくして「無我」となり、素直にお釈迦様の教えに従うことが大切です。

また、「自分の我」を満足させるために「むさぼり」の生命が起こり、お互いの意見が異なると「いかり」の生命が顕れて「争い」となります。「自分の我」と「他人の我」との対立の場合、「個人同士のケンカ」が起こります。

これが国内規模で起これば、「自分の地域の我」と「他人の地域の我」との争いとなって「内戦」に発展します。さらに国家規模で起これば、「自国の我」と「他国の我」との対立となって、ウクライナとロシアのように「戦争」に発展するわけです。

このように人間はケンカ・内戦・戦争によって、人道的にやってはいけないことを強行するなど「愚か」なことをしてしまいがちです。「いかり」「むさぼり」「愚か(＝愚痴)」のことを仏教では「三毒《さんどく》(優越欲・生存欲・生殖欲)」といい、それは「七識」から出てきます。

まとめると、「三毒」は次のようになります。

●瞋《いか》り（＝瞋恚《しんに》）――地獄界《じごくかい》……優越欲《ゆうえつよく》
●貪《むさぼ》り（＝貪欲《とんよく》）――餓鬼界《がきかい》……生存欲《せいぞんよく》
●愚か（＝愚痴）――畜生界《ちくしょうかい》……生殖欲《せいしょくよく》

とくに、お釈迦様が亡くなってから二〇〇〇年を過ぎた末法時代に生まれてくる人間は、「三毒が強くて盛んである」とお釈迦様は予言しています。現在、世界中でさまざまな問題や対立が起きているのは、三毒による「自我と自我の対立」が根本的な原因なのです。

「七識」は「自己を愛する心（＝意）」なので、「五識」で得た情報を「六識」の心でまとめ、「六識」の情報をいろいろと自分の好みに染めて、「八識」に記録します。

② 八識について

「八識」は「阿頼耶識」とも「業」ともいい、「身・口・意の三業」でできています。「八識」は「五識」や「六識」で得たデータを瞬時に処理して、そのデータを「心」に伝達するはたらきがあります。私たちが「言葉」を発し「行動」しているのは、この「八識のデータ」による判断なのです。

膨大な「八識のデータ」は、ある一定のパターンを好んでサイクルを生むことから「習慣性」があります。「七識」で自分好みに染められてから「八識」に記録されるため、食べ物や異性の好み、行動パターンなど多岐にわたって、ある一定の「習慣性」が起こります。眼や耳などの「五根」から得た情報に対する答えが、ある一定のパターンとして出してしまうのも「習慣性」によるものです。

人は「やってはいけない」と思っていても、つい「また同じことをやってしまう」ことが多々あります。これも「八識」の「習慣性」から起きています。このように、善業を積む人は重ねて善業を積み、悪業を積む人は重ねて悪業を積むという「習慣性」を、「八識」は持っているのです。

また「八識」は、みなさんが「霊魂」「魂」「幽霊」と呼んでいるものでもあります。普通の人に幽霊は見えませんが、たまに見える人や常に見えてしまう人が稀《まれ》にいます。本来、幽霊は人間の眼では見えないことになっていますが、見えてしまう人は「八識」に見えてしまうデータが入っているのです。

③ 死んだら八識はどうなるか?

人は死ぬと、頭の上のほうへ幽体離脱し、しばらくのあいだ自分の亡くなった姿を見ています。そして、たいていの場合、自分が死んだことがわかります。ところが、まだ生きていたいという強い念が残っている人や、自分が死んだことがわからない人が稀にいます。

たとえば、道路を歩いているときに、うしろから猛スピードできた車に轢《ひ》かれて即死したとします。本人は即死した瞬間に幽体離脱をして霊体となり、生きていたときと同じように、そのまま歩き続けます。この場合、あまりにも一瞬の出来事なので、自分が死んだことに気づいていません。帰宅途中であればそのまま自宅に帰るので、家族に話しかけても返事がないことに不思議に思うでしょう。

このように、しばらくのあいだ自分が死んだことに気づかないケースがあります。あるいは、少し時間がたってから事故現場で自分が死んだことを知り、恨みの念を抱いて呪縛霊《じゅばくれい》になる場合もあります。呪縛霊は、同じ場所で事故を起こさせる悪霊《あくりょう》です。同じ場所で事故が多発するのは、呪縛霊が原因であることが考えられます。

呪縛霊は四十九日忌を過ぎても霊界に行けず、この世に残ってしまいます。それが怨念《おんねん》となって、しばしば人に災いをもたらすのです。

このような呪縛霊にさせないためにも、葬儀を行う必要があります。本来、葬儀は「あなたは亡くなったのですよ」と他界した人に引導《いんどう》を渡すために行うものなのです。

葬儀のときに喪主《もしゅ》が仏様（＝ご三宝様《さんぼうさま》）に対してお布施《ふせ》を出すことで、「財施《ざいせ》の功徳《くどく》」が積まれ、積まれた功徳は故人に届きます。その功徳は、簡単にいうと「死後の世界の生活費」です。どんなに多くの悪業を積んでしまったとしても、その功徳によって本来受けるべき業果を軽くできるので、いまから行くべき死後の世界の苦しみを、より軽減できます。それは功徳の大きさによって違いますが、「法《ほ》華経《けきょう》」という最高のお経で回向《えこう》してもらえば、必ず善いところへ行くことができます。

お釈迦様が説かれた最高の教えである「法華経」は、現在世で積んでしまった悪業の罪を軽くする力があります。そのため、たとえ強い念が残っていても、引導を渡せば必ず素直に霊界へ行くことができるのです。

④八識である霊魂の特徴とは？

「八識」である「霊体」「霊魂」には、いくつかの特徴があります。

最初の特徴は、亡くなった人の霊魂は「光よりも速く移動できる」ということです。四十九日忌くらいまでは霊界へは行きませんので、そのあいだに自分の会いたい人に会いにいったりします。

このことについては、私の身近な体験談を紹介しましょう。

私には七歳のときに亡くなった「りゅうじ」という三男がいました。りゅうじは小学校一年生の一一月に悪性の脳腫瘍《のうしゅよう》を発症していることがわかり、翌年の五月に亡くなりました。担任の先生や学校の友達が大好きな子で、親分肌で面倒見がよく、運動や勉強が大好きな明るい性格でした。

二年生になってから一度も学校の授業に行けなかったのが心残りだったのでしょう。クラスは一年生のときと同じだったので、三男が亡くなったあとも机はそのままでした。

あるとき担任の先生が隙間《すきま》の空いているりゅうじの椅子《いす》を机にくっつけると、クラスメイトたちが「先生、りゅうじくんが座っているからダメ！」「りゅうじくんがつぶれちゃう！」と言ったそうです。しかし、りゅうじのことが見えるのはクラスの半分くらいで、残りの子どもたちや先生には見えなかったといいます。

その後、りゅうじは毎日学校へ行き、友達と一緒に遊んだり、しゃべったり、授業を受けたりしていたようです。しかし四十九日忌の前日に、りゅうじがクラスの友達に「ぼくもういかなくちゃいけないんだ」「もうこれないんだ」と言って、それ以来一度も姿を見せなくなったそうです。

りゅうじにとっての心残りは、もう少し小学校の友達と一緒に過ごしたいという思いだったのでしょう。学校に行って満足し、四十九日忌に霊界へ旅立ちました。私もこの話は、四十九日忌をかなり過ぎてから聞きました。

このように霊体は死後に会いたい人がいると、たとえその人がどんなに遠くにいたとしても、会いたいと思った瞬間に移動することができます。亡くなってすぐに故人が枕元に現れたり、誰もいないはずの玄関が開く音がしたり、故人の気配を感じたり、故人の姿を見たりするのは、それが原因です。さらに霊体は、石や岩といったどんなに硬いものでも、あるいは火や水のなかでも通り抜けることができます。

よく幽霊には足がないという人がいますが、そんなことはありません。亡くなった人の姿は眼・耳・鼻・舌・身の「五根」を備えていて、「五根」が生前よりも敏感になり、体の大きさはおおよそ五〜六歳の子ども程度となって、生前の人間と同じように頭を上にして歩行します。

霊体は「におい」を食べて生きています。一般的に人が亡くなるとお線香を焚《た》くのは、このような理由からです。とくに、善い行いをした霊体は芳《かぐわ》しいにおいを好んで食し、悪い行いをした霊体はくさいにおいを好んで食します。そのため、自分の部屋を汚くして悪臭を放っていると、悪い霊が集まってきます。反対に、芳香を放つところには善い霊が集まります。

次の特徴は、死んでから「次に生まれてくるまでの期間は一定ではない」ということです。では、私たちは次にいつ生まれるのでしょうか？

それは、自分が生きているあいだに積んだ「身・口・意の三業の善業と悪業の結果にふさわしい報いとして、その果報に合ったところ」が見つかったときです。たとえどんなに遠いところであっても、その父と母が性交するとき、女性なら母の体に、男性なら父の体にそれぞれ入り、満足した瞬間に母親の胎内に宿ります。なんとなく男の子は母親に懐《なつ》き、女の子は父親に懐くのも、そのためです。

そして母親の胎内に宿った瞬間、「いっさいの過去の記憶を消されて生まれる」のです。しかし、稀に過去世の記憶が残ったまま生まれてくる子どももいます。

仏教では、「八識」である「霊体」には「微量の重さがある」と説いています。実際に亡くなる前後の何人かの体重を測定した人がいて、その結果、約七〇～八〇グラム軽くなることが確認されています。

大切なことは、「八識は生まれてから死ぬまでのあいだしか変えることができない」ということです。人は生きているあいだに積んだ「身・口・意の三業の善業と悪業」によって「死後の世界」と「来世に生まれてくるところ」が決まってしまいます。そのため、正しい考え方で正しく生きることが大切です。そうすれば、必ず来世は苦しみのないすばらしいところへ生まれてくることができるのです。

⑤ 九識について

「九識」は、「阿摩羅識《あまらしき》」とも「仏性」とも「九識心王真如《くしきしんのうしんにょ》の都《みやこ》」ともいいます。これは仏様と同じ生命であり、この生命の顕れている人を「仏様」とも、「成仏した人」とも呼びます。

一般にキリスト教では、人間は全知全能《ぜんちぜんのう》の神になることはできません。一方、仏教では、人間は誰でも「九識」を持っているので、「八識」のすべての業が善業に変わって浄化されれば、「九識」が顕れて仏様になれるのです。

もう少しわかりやすく「九識」を説明します。「九識」は本来、太陽のように私たちの心のいちばん深いところで光り輝いています。

「九識」を照明器具に例えてみましょう。夜になっても照明をつければ部屋が明るくなって、家のなかにあるものがよく見えて、歩いてもぶつかることはありません。しかし、その照明器具のカバーに汚れがたくさんついている状態だったらどうでしょうか？　夜に照明のスイッチを入れても、部屋はそんなに明るくなりません。照明はきちんと点灯していても、カバーが真っ黒なので、薄暗い部屋のなかを歩けばいろいろなところに体をぶつけてケガをしてしまいます。

●いま自分はどこを歩いているのか？
●どこに向かっているのか？
●この先に何があるのか？

このようにさっぱりわからないまま、いろいろな問題につまずきます。これが私たちの人生そのものなのです。

人生は何が起こるかわかりません。いつ事故や事件にあったり、病気やケガに見舞われたり、運命の人に出会ったり、宝くじが当たったりしてもおかしくありません。ひどい目にあうのか、ハッピーなことが起こるのか、まったく予想がつかないのが人生です。

じつは、人生を左右する光り輝く照明器具のカバーを真っ黒にしているのが「悪業」なのです。「悪業に染まった八識」によって、私たちの人生はいろいろとつまずいてしまいます。人間の「八識」が悪業で真っ暗になっていることによって、正しく人生を歩むことができず、いつもいろいろなことで「悩み苦しんでしまう」のです。

「悪業に染まった八識」を「善業に変えていく」ことで、人の悩みや苦しみは少しずつ減っていきます。それには「善業を積む」ことが大切です。真っ黒な照明器具のカバー(=悪業に染まった八識)がきれいになり、少しずつ部屋に明かりが差してくれば、ものにぶつかってケガをすることなく、自分がいまどこを歩いているのか少しずつわかってきて、正しい人生観が芽生えてきます。

これが「九識が少しずつ顕れてきている」ということになります。

そうなると、いま自分が積んでいる「業」は「善いのか」「悪いのか」という判断が少しずつできるようになり、悪い業因を積むことが減っていきます。悪い業因をつくらなくなれば、しだいに悪い果報も少なくなっていくわけです。

このように、少しずつ悪業が善業に変わり、すべての悪業を消し去ったとき、その奥にある「九識」が顕れます。そうすると過去世・現在世・未来世を正しく見ることができるようになり、そこには迷いや苦しみのない「清浄無垢《せいじょうむく》」な世界が開けてくるのです。この「九識」のことを「妙法蓮華経《みょうほうれんげきょう》」ともいいます。

また、「九識」が実際に人間の生命に顕れた状態を「南無《なむ》妙法蓮華経」といいます。つまり「九識」の「妙法蓮華経」に、南無(＝身も心も捧げている)する状態が「成仏」ということなのです。

以上、「五識」「六識」「七識」「八識」「九識」をまとめると、次のようになります。

●**五識**……眼根・耳根・鼻根・舌根・身根

伝達⬅　　➡言葉・行動

●**六識**……心（人が意識できるところはここまで）

まとめる⬅　　➡伝達

●**七識**……自我・本能・煩悩（ここからは意識できない領域）

自分の好みに染める⬅　　➡答えを出す

●**八識**……業・霊魂（ここで伝達された情報がすべて入力され、答えをはじきだす）（この部分が死後も生き続ける永遠の生命であり、過去のすべてのデータが保存されている場所）

◆　◆

●**九識**……仏性・仏様の生命（成仏の状態）（人間が美しいものやすばらしい音楽を見聞きして感動するのは、いちばん美しい心である九識と感応しているから）

五識から九識をわかりやすく図にすると、「生命のドーナッツ図」のようになります。

生命のドーナッツ図

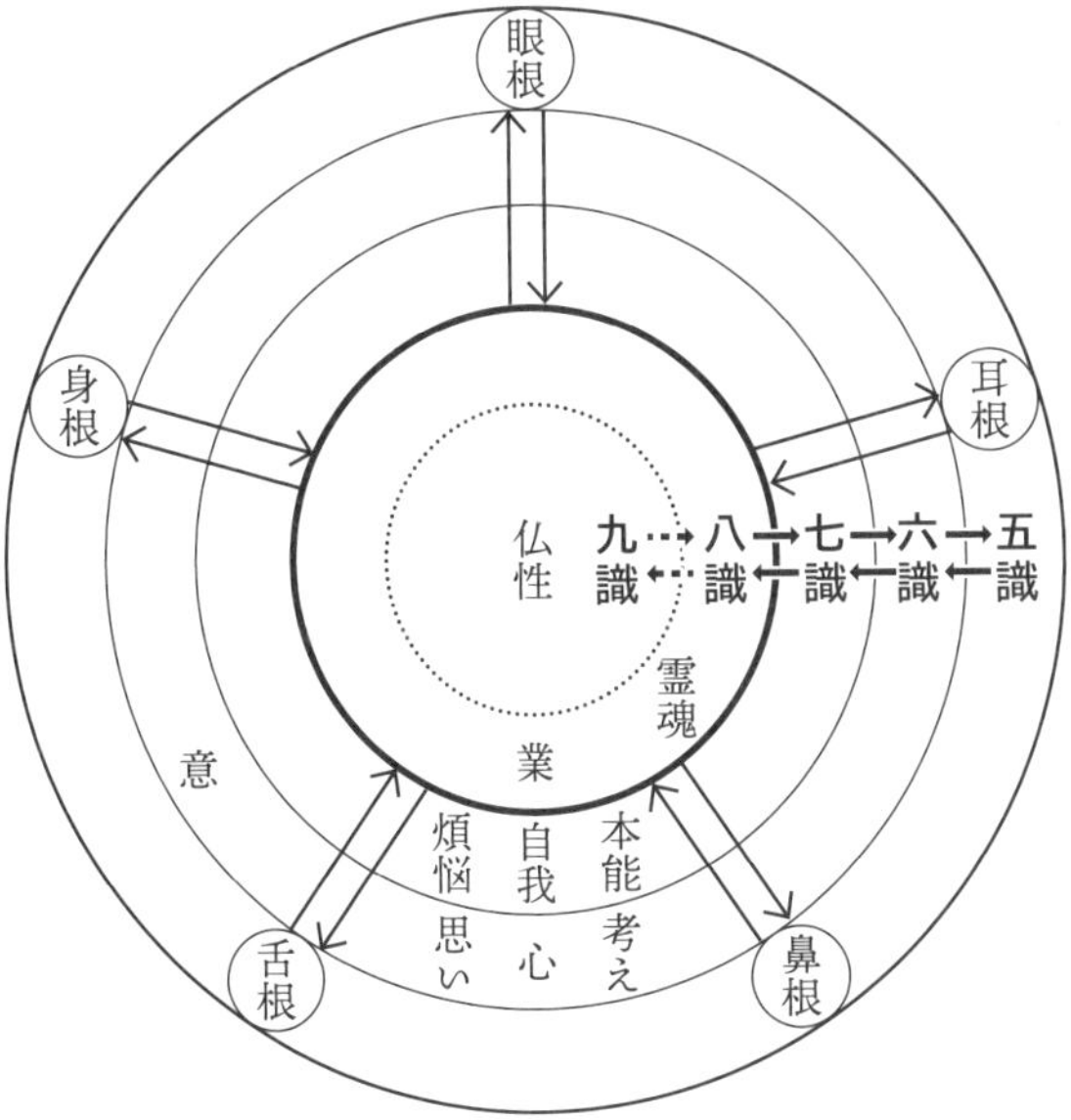

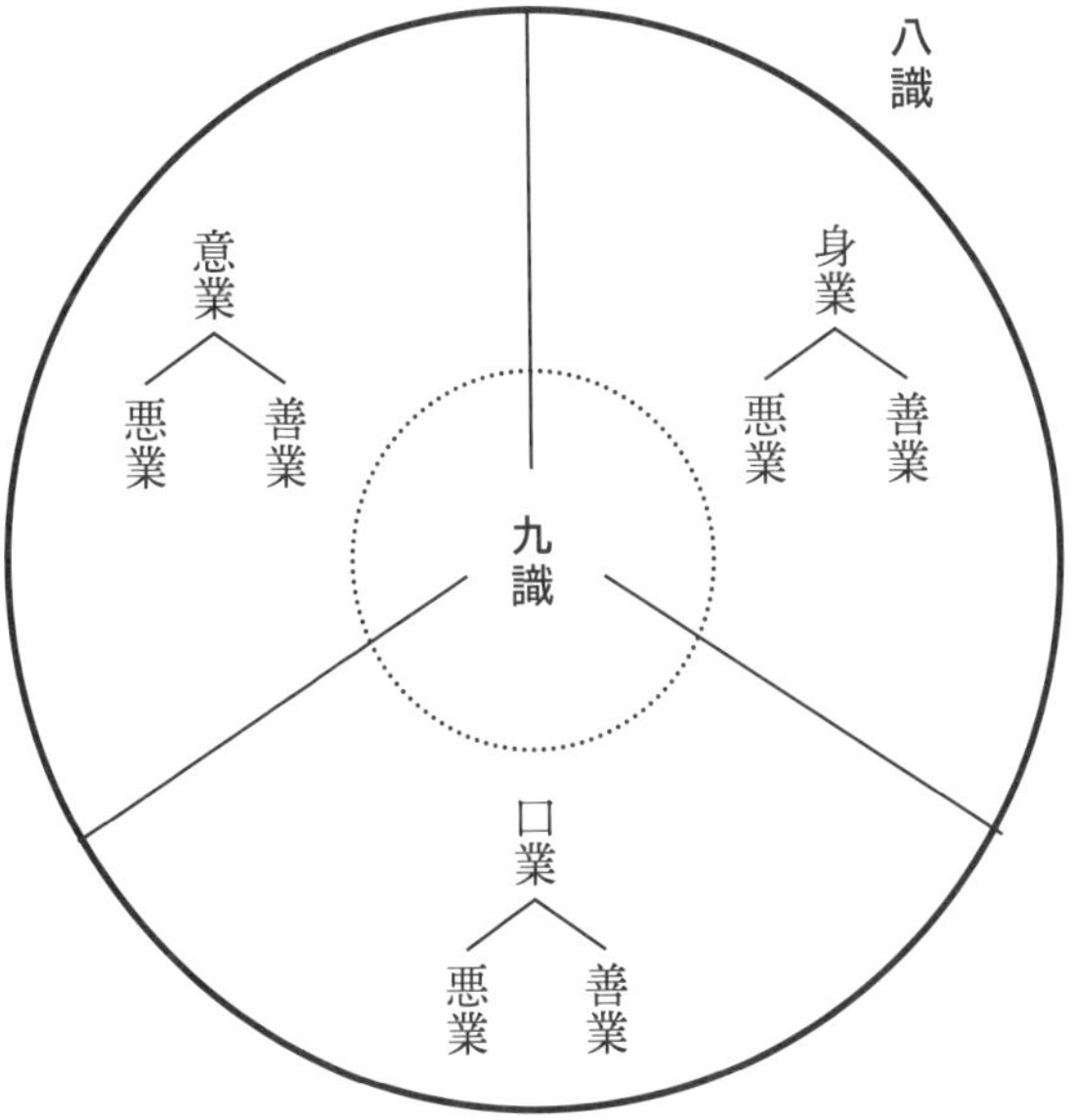

第四章

なぜ悪いことが起こる？

(一) 原因は宿業《しゅくごう》にある

① 宿業とは

悪い出来事や不幸なことが起こる原因について説明します。

そもそも原因は、「宿業」によるものです。「宿業」とは、八識のなかに宿っている「業因」のことです。「業因」には、過去に積んだ次の二種類があります。

●善業の因

●悪業の因

私たちは過去世で積んだ「身・口・意の三業」の「善業」と「悪業」によって、次の二つが顕れてきます。

●善業の果報

●悪業の果報

これらを「宿業」といい、いつ顕れるかわかりません。「宿業」には次の二種類があります。

●現在世で出る宿業

●未来世で出る宿業

「宿業」は「縁」によって決定され、「果報」として顕れます。つまり「悪業の因」が「縁」に触れて「悪業の果」として出るのが、「悪いことが起きる」という現象です。

②宿業は因果律《いんがりつ》でできている

悪いことが起きる場合、「悪業の因」に「縁」が加わって「悪業の果」という「悪い報い」を受ける流れになります。これを仏教では「因果律」といいます。

●過去世でつくった業因（＝善業・悪業）によって

⬇

●現在世の業果として顕れる（親・兄弟・容姿・身長など）

⬇

●現在世の縁によって過去世の業果が顕れる（善いこと・悪いこと）

●現在世でつくった業因（＝善業・悪業）によって（生きているあいだ）

⬅

●死後の世界が決まる（＝死ぬ）

⬅

（＝期間は一定してない）

⬅

●来世は現在世に積んだ業因の業果として、両親・きょうだい・国・身長・容姿・体形などが決まり、その果報に合ったところに生まれる

このように私たちは過去世で生きてきたあいだの業因によって、今生《こんじょう》での親・きょうだい・身長・容姿などが決まります。そして、まさに私たちがいま生きている人生のなかの「身・口・意の三業で積んだ善業や悪業」によって、「宿業」をつくっているのです。

現在世で努力してきたことは、すべて「八識」のなかに記録されます。ですから、現在やっている努力は、仮に現在世で報われなくても未来世につながるので、決

して無駄になることはありません。

(二) 宿業は縁によって顕れる

私たちは、過去世でたくさんの「宿業」をつくっています。その「宿業」は、現世で出てこないものもあります。そのような「宿業」は、未来世以降に出ることになります。

「宿業」による報いは、「縁」によって起こります。これを過去世・現在世・未来世の三世で考えると、「宿業」の仕組みがよくわかります。

その仕組みを、借金のやりとりの例えを用いて説明します。

① 江戸時代の借金の例

江戸時代、とても貧しいA君が金持ちのB君から一〇〇両の借金をして、その借金を残したままA君が死んでしまったと仮定しましょう。

A君は来世でB君に会わなかったので、その借金を返すことはありませんでした。しかし「一〇〇両の借金」という「宿業」は、「業因」として未来永劫消えることはありません。

そしてその次の来世で、A君がB君にばったり会ったとしましょう。人間は生まれてくると同時に、過去世の記憶を消すことになっているので、A君もB君もお互いに過去世で借金のやりとりがあったことは知りません。

しかし、A君には「一〇〇両の借金」という「宿業」があるので、B君と「出会った」という「縁」によって、ふたりが出会った時代のお金の価値で、江戸時代の一〇〇両相当の金額を、A君はB君になんらかの方法で取られてしまいます。つまり「宿業」と「縁」によって、A君は一〇〇両に相当する財産をB君に支払うという「業果」としての「報い」を受けるのです。

私たちは、過去世から数えきれない「宿業」を抱えて生まれてきています。そのため「悪いこと」も「善いこと」も「縁」によって起きてきます。しかし、末法時代に生まれてきた私たちは、お釈迦様のおっしゃるとおり悪因を多く積んでいるので、どうしても「悪いこと」が多く起きてしまうのです。
「宿業」について、もう少し違う角度から説明しましょう。

② 占いの例 —— 宿業は消えない

占いの好きな人は多いと思います。たとえば、占いで「今週に東のほうへ行くと事故にあって大ケガをします」と告げられ、それを信じて事故を回避できたとしましょう。

このときは事故を回避できても、その人が「事故にあう」という「宿業」はなくなることはありません。仮に生きているうちに事故にあわなくても、どこかの未来世でいつの日か、その「縁」に触れれば必ず事故にあうのです。

占いで「宿業」をある程度は避けることができても、決して「宿業」を変えることはできません。しかし、ひとつだけ「宿業」を変える方法があります。それは最後にお話しします（162ページ参照）。

③ 宿業を受け入れた実話 ―― 連帯保証人の借金

自分自身に起きた悪い出来事を「宿業」ととらえ、人生を前向きに歩んだ人の実話を紹介します。

いまから三〇年ほど前、私の師匠のところに遠路はるばる相談にきた五〇歳過ぎのご夫婦がいました。相談の内容は次のとおりです。

奥さんの連れ子である娘さんの嫁いだ夫が、銀行から二〇〇〇万円の借金をして起業することになりました。その事業資金二〇〇〇万円の連帯保証人になったのが、相談にきたご主人でした。ところが会社は何年もしないうちに潰《つぶ》れ、娘さんの夫の行方はわからず、借金だけが残りました。

ご夫婦は、何か借金がなくなるような、あるいは借金を返さなくてもいいような智慧《ちえ》はないかと、私の師匠のもとへやってきたのです。

師匠は「この借金は、あなたが過去世につくった借金だと思って返しなさい」と言いました。ご夫婦はがっかりして帰っていきました。ご主人は帰りの電車のなかでいろいろと考えて、奥さんに「あのお坊さんの言うとおりかもしれない」と口にしたそうです。

次の日から、ご夫婦はフル回転でスーパーでの仕事に勤《いそ》しみました。夫は朝早くに市場へ行って野菜を仕入れ、午後九時の閉店後も店内を掃除するなど店の鍵を閉める時間まで勤務し、奥さんもレジや品出しなどの仕事を夜遅くまで毎日ほぼ休みなしでこなしたそうです。ご夫婦は必死に仕事をして、五年間で二〇〇〇万円の借金をすべて返しました。それだけでなく、その後は自宅を新築するまでになったのです。

ご主人は「師匠と出会っていなければ、自暴自棄《じぼうじき》になって、一〇年たっても二〇年たっても借金は残っていたと思う」とおっしゃっていました。

私たちは数えきれないほど「生まれては死ぬ」ということを繰り返しています。そのなかで、たくさんの「善い宿業」と「悪い宿業」をつくっています。私たちに悪いことが起きる原因は、自分でつくった「宿業」のなかの「悪業」の「因」が、「縁」に触れることで顕れる「その報い」や「結果」なのです。

占いでは「宿業」に対しての「縁」を避けることはできても、「宿業」を消すことはできません。しかし、「宿業」をよくよく考えてみると、どうせ悪いことが起きるのであれば、早く起きたほうが私は良いと思います。

「悪いことの起きる宿業」は、例えるならば「借金」のようなものなので、早く「借金」をすべて返してしまえば、あとは「善いことだけが起きる宿業」となり、善い果報が顕れて、善い出来事だけが起きてくると考えることができます。そのような考え方をすれば、「借金」を返す人生が「ポジティブ」な人生になっていきます。

(三) 先祖が祟《たた》る

悪いことが起こるのは「宿業」が原因ですが、「正しく先祖を回向していないと祟られる」ことも、悪いことが起こる原因となります。

霊界にいるご先祖に長いあいだ「法華経」による回向供養をしないと、苦しい世界にいるご先祖たちは、あまりの苦しさに耐えかねて、子孫に助けを求めます。

そして、その苦しさに気づいてもらいたくて「祟り」を起こすことがあるのです。

これも、もとをたどれば自分の「八識」の濁《にご》りと「悪業」による汚れによって、本来するべき年三回の先祖供養や、ご先祖の「年回忌」などを何年も怠《おこた》っていると、悪いことが次から次へと起こることがあります。私はそのような人を何人も見てきました。アドバイスを受け入れて素直に供養される人もいますが、「人間死んだら何もなくなってしまい、先祖の回向は必要ない」と言われる人もいます。

年三回の先祖供養は、次のとおりです。

- **春季彼岸会《ひがんえ》**…………春のお彼岸
- **盂蘭盆会《うらぼんえ》**…………夏のお盆
- **秋季彼岸会**…………秋のお彼岸

じつは、私たちが両親やご先祖を敬《うやま》うというのは、本来は自然に起こってくる気持ちなのです。このことは「五常《ごじょう》」のところで詳しく説明します（97ページ参照)。

㈣ 業の出方

業の出方は、基本的には「過去世の業因」は「現在世・未来世」で出てきます。ただ、私たちが「現在世」で積んだ「業因」は、少し出方が違います。その出方は四つあります。

(1) 現在世で積んだ「業因」が、現在世でその「業果」として出る
(2) 現在世で積んだ「業因」が、未来世でその「業果」として出る
(3) 現在世で積んだ「業因」が、来来世以降にその「業果」として出る
(4) 現在世で積んだ「悪業の因」が、現在世の「善業の因」によって帳消しになり、業果が顕れない。または、現在世で積んだ「善業の因」が、現在世の「悪業の因」によってプラスマイナスゼロとなり、業果が出ない

このように四つの出方があるので、もし現在世で悪い業因を積んだとしても、善業を積めば、悪業の果が顕れないことがあります。そのためにも、できるだけ善業を積みましょう。

第五章

因果律の話

(一) 死後の世界について

話は死後の世界へ戻ります。

じつは、人間は生きている時間よりも、死んでいる時間のほうが長いのです。時間の感覚は、死後の世界も生きているときと同様に、同じ一時間でも、楽しいときとつらく苦しいときの一時間ではまったく違ってきます。間違いなく、つらく苦しいときの一時間のほうが、はるかに長く感じるのです。

死後の世界も同じことがいえます。たとえば、キリスト教でいう「天国」は、仏教でいう「天上界」をさします。私たちの死後、自殺をして「地獄界」へ堕ちた人よりも、善業を積んで「天上界」の喜びの世界へ行った人のほうが、同じ時間を過ごしてもはるかに短く感じるでしょう。

どんなにつらく苦しいことがあっても、生きていれば必ず善いことが起こります。お釈迦様が亡くなって二〇〇〇年を過ぎると、悪業をたくさん積んだ人間が生れてくると予言されています。日本では、この末法時代に入る平安時代末期ごろから死刑制度が始まりました。ですから、末法時代を生きる人間には、善いことよりも悪いことのほうが多く起きるのは当たり前なのです。

しかし、善いことも悪いことも、どちらも長くは続きません。人間は寿命がくれば、どんな人でも必ず死を迎えます。その寿命を全《まっと》うしないで自殺をしてしまうと、無間地獄へ堕ちてしまうのです。

人は生きていると、とんでもない過ちを犯したり、他人を傷つけてしまったりすることが往々にしてあります。また、いじめられたり、性の問題に悩んだり、人間関係に苦しんだりと、いろいろな苦悩に遭遇《そうぐう》することもあるでしょう。

ただ、いま生きている世界で、どんなにつらく苦しい悩みがあったとしても、自殺して無間地獄に堕ちた苦しみに比べれば、現状の苦しみのほうがはるかに軽いことを知ってほしいのです。

地獄というのは非常につらく苦しい世界ですので、私たちが普通に平穏な生活をしている一日が、まるで一カ月のように感じる人もいます。また、人によっては一年・二年・五年と苦しみが増せば増すほど時間が長く感じられる地獄が存在し、なかには何十年という非常に長い時間に感じてしまう地獄もあります。

生きている私たちにとって、楽しいと思う時間はあっという間に過ぎてしまいますが、苦しい時間は非常に長く感じます。これは、死後の世界も一緒なのです。

(二) 死相について

私は僧侶なので、たくさんの葬儀に参列して、多くの人の死相を見てきました。

そのなかで、自殺した人は二名いました。

自殺した人の死相は最悪です。その死相は「黒黒色《こくこくしょく》」で、「非常に苦しそうな表情」をしていて、すぐに自殺をしたとわかりました。

私は高校生のとき、父親に言われて、本来は親が行くべきすべての葬儀にお香典を持って参列しました。帰ってくると必ず「死相はどうだった？」と父が聞いてくるので、お棺の扉が閉っているときは必ず開けていただいたものです。私は手を合わせながらお顔を拝見してきたので、多くの人の死相を見る機会がありました。

帰宅した私が死相のようすを話すと、父は故人がどのような人生を歩んできたのかをよく話してくれました。正直に言って、はじめは葬式に行くのが嫌でした。当時はまだ一五歳でしたので、「なんで親の代わりに葬式に行かなくちゃいけないんだ」といつも心のなかで文句ばかり言っていたものです。

のちになって、父が死相を通じて因果律を教えてくれたことが理解できました。親の代わりに葬儀に行けたという経験に、いまは心から感謝しています。

こうして私は死相を見れば、おおよその人が善い行いをしてきたのか、悪い行いをしてきたのかがわかるようになりました。そのなかでも自殺はほんとうに最悪な死相ですので、絶対にやめてください。

反対に、最高に善い成仏した人の死相は「白白色《はくはくしょく》」です。この死相も、私は何人も見てきました。成仏した人は、ほんとうに穏やかで心地良い死相をしていて、声をかけたらすぐに起きてきそうなくらいとても美しい表情をしています。生きているときよりもはるかに白色となり、見ているだけで心が落ち着いてくるのが不思議です。

この死相は、お釈迦様の説かれた最高の教えである「法華経」の教えを、正しく修行しないと顕れることはありません。しかし、世の中には「法華経」の修行をしていなくても、白白色ではありませんが、白色に近い死相の人もいます。

以前、息子の友人の母親から、電話で葬儀の相談を受けました。亡くなった叔父の喪主となったものの、葬儀費用がほとんどないので近くのお寺から断られてしまい、どうしたらいいか困っているというのです。私は事情を聞いて、その葬儀を快《こころよ》くお受けしました。

すぐにその日の夜、枕経《まくらきょう》を唱えに行き、故人の死相を見てみると、とても穏やかな顔をしていて、いまにも起きてきそうなほどの表情でスヤスヤと眠っているようでした。その死相が白色で非常に良かったので、奥さんである喪主の叔母に「ご主人は面倒見のいい人ではありませんでしたか？」と私が質問すると、奥さんは「バカがつくほど面倒見のいい人でした」と答えました。

その二日後のお通夜のことでした。開式の一時間前に親族と喪主がもめていると、式場の人が私の控室に知らせにきました。原因は、私がつけた戒名でした。

そもそも死相というのは、故人の人生の総決算として顕れるものです。そこで私は、この人のとても穏やかで稀に見るとても良い白色の死相を見て、葬儀の予算がないという話でしたが、一〇文字の戒名をつけました。すると、その戒名を見た親戚たちが「こんなに良い戒名をつけるお金があるのなら、俺たちに宿泊費と交通費が出せるだろう！」と喪主に言い寄ったのです。

ケンカ状態となっていたのを見ていた式場の人が、私の控え室にきて「お上人、本日のお通夜はやりますか?」と聞いてきたのでびっくりしてしまい、すぐに喪主を呼んでケンカの原因を聞いて納得しました。

そもそも故人は山形県の生まれで、実家を出てから結婚して千葉県の松戸市に住んでいました。子どもはいませんでしたが、近所に山形出身の親戚が住んでいました。いままで結婚式や葬儀があると故人がすべて親族の交通費や宿泊代を出していたので、今回の騒動となったようです。

私はお通夜の読経《どきょう》が終わると、三〇分ほど戒名をつけた経緯を説明しました。そして葬儀の場でお金のことで親戚が寄ってたかって喪主を責めるようなことをしていると、それが原因となって結果的に最期は不幸な人生となり、みなさんの死相が悪くなりますよと、因果についてお話ししました。

本来、戒名はお金で買うものではありません。次にあげる三つのことに、故人がどれだけ貢献してきたかでつけるものなのです。

●お寺のため（＝仏様のため）
●世のため
●人のため

たとえお金がなくても、お寺の草取り・掃除・お手伝いをするなど、故人がどれだけ貢献してきたかで戒名はつけられます。

また、もともと戒名は生きているときにつける「生前戒名」や「逆修《ぎゃくしゅう》戒名」を朱《しゅ》墨《ぼく》で書いてもらうのが普通でした。ただ、近年は死後につけてもらうのが一般的になっています。

人の死相は、その人が生まれてから死ぬまでに「身・口・意の三業」で行ったすべての総決算として顕れます。善い行いをたくさんしてきた人は白色になって穏やかな死相になりますが、悪い行いをいっぱいしてきた人は黒色になって苦しそうな死相になります。

死相についてまとめると、次のようになります。

◆生きているときの三業――原因
◆死相――結果
　　　　　――因果律

○身の行い
○口の行い
○心（＝意）の思い、考え

◇悪い死相――黒黒色……地獄の死相
　　　　⬅（それぞれの業に合った死相）
◇善い死相――白白色……成仏の死相

要するに、生きているときの「身・口・意の三業」が〝原因〟となって、「死相」という〝結果〟が報いとなって顕れるということです。そのため、いくらお金に困ったからといって、泥棒をしたり、人をだましてお金を取ったり、人を苦しめたりしていると、それが自分にはね返ってきて、死相が悪くなり、死後の苦しい世界へ行ってしまいます。

このように世の中で起こる現象には必ず因果関係があり、「因果律」が存在します。仏教では因果律を説くので、この世には絶対に「偶然」ということはないのです。

㈢ 世界の宗教のなかで「因果律」を説いているのは「仏教」だけ

仏教とともに世界の三大宗教である「キリスト教」「イスラム教」について、簡単に説明しましょう。

キリスト教とイスラム教は、「人として生まれたとき、その人の運命は『神』が決められた」と説きます。では、「五体満足で金持ちで裕福な人」「身体障害者で貧乏な人」などを、どのように説いているのでしょうか？　じつは、「すべてが『神』の愛によって、この世に人として生まれた。そのあらゆる差別は『神』によって予定された人生なのである」と説いているのです。

私には、同じ「神」の子であるのに「なぜ差別があるのか？」「なぜ差別をつくる必要があるのか？」さっぱりわかりません。このようなことを言うと、「差別と思うのは、ほんとうに神の愛がわからないからだ。もっと信仰せよ。神が人をつくるとき、愛を込めて身体障害者をつくり、豊かな人をつくり、貧しい者をつくり、弱い者や強い者などを必要があってつくられた。その必要性は人智のおよぶところではない。神の愛と信じて受け入れよ」と説くのです。

また、キリスト教には「予定説」があります。これは、人間は生まれたときから天国に「行ける人」と「行けない人」が決まっているという教えです。ということは、「天国に行ける人」はどんなに悪いことをしても天国に行けますが、「天国に行けない人」はどんなに善い行いをしても、天国には行けないことになります。これではまったく「因果律」がありません。そのようなことを本当に受け入れられるでしょうか？　少なくとも私は納得できません。

また、仏教のなかでも過去世・現在世・未来世の三世の「因果律」をはっきり説いているのは、永遠の生命を説いている「法華経」という経典だけです。「法華経」のすばらしさは、それだけではありません。悪いことの起きる「因縁」を絶つこともできます。

たとえば、A君がB君を殺したとします。そうすると、いつか反対にA君がB君に殺されます。このままでは、その因果関係は永遠に繰り返されてしまいます。ところが、どちらか一方が「法華経」を信仰すると、その因縁はなくなるのです。

なぜなら、「法華経」を正しく信仰すると、「転重軽受《てんじゅうきょうじゅ》（＝重い宿業を転じて軽く受ける）」といって、過去世で犯した重い罪（＝殺人など）を現在世で軽く受けることができるからです。

仮に「包丁で刺されて死ぬ」という「宿業」を持っていたとしても、「法華経」を正しく信仰すれば、包丁で刺されるけれども重傷ですんだり、軽傷を負うだけだったりする場合もあり、いずれにしても生命は助かります。このように「法華経」には、過去世から続く「人を殺したり、殺されたりする」ような悪い「因縁」を斬り、宿業を変える力があるのです。

第六章

人には一〇種類の生命がある

㈠一〇種類の生命とは「十界《じっかい》」のこと――五常《ごじょう》・五戒《ごかい》

私たちの生命はどのようになっているのでしょうか？

私たちには、一〇種類の生命があります。仏教ではこれを「十法界《じっぽうかい》」とも「十界」ともいいます。その内容は次のようになります。

①地獄界（瞋恚《しんに》）……自分勝手な意思に逆らう者を憤《いきどお》り怨《うら》む生命

②**餓鬼《がき》界（貪欲《とんよく》）**……所有欲の強い生命
③**畜生《ちくしょう》界（愚痴《ぐち》）**……道理に背き、道理がわからない生命
④**修羅《しゅら》界（闘争・諂曲《てんごく》）**……他人の善根《ぜんこん》を憎んで諂《へつら》い、争う生命
⑤**人間界（平和）**……平和に暮らすことを旨《むね》とする生命
⑥**天上界（楽観）**……ほとんど欲心を離れ、他者の喜びを我が喜びとする生命
⑦**声聞《しょうもん》界（無常）**……欲心は離れたが、ただ自分だけの心の安心《あんじん》と楽しむことを願う生命
⑧**縁覚《えんかく》界（無常）**……道理を観念して無常を覚る生命
⑨**菩薩《ぼさつ》界（慈愛）**……自己の完成に励むとともに、他人の安楽を願う生命
⑩**仏　界（正覚《しょうかく》）**……迷いのまったくない状態。万物を救うことのできる生命

簡単に「十界」の説明をしました。これから、もう少し詳しく説明します。まずは、この十界を分類してみましょう。

「地獄界」「餓鬼界」「畜生界」を合わせて、「三悪道《さんなくどう》」といいます。「三悪道」に「修

羅界」を加えて「四悪趣《しあくしゅ》」と称し、「四悪趣」に「人間界」「天上界」を加えて「六道《ろくどう》」と呼びます。

また、「修羅界」「人間界」「天上界」を合わせて「三善道《さんぜんどう》」といい、人間のほとんどが「地獄界」から「天上界」の六道を行ったり来たりすることから、このことを「六道輪廻《ろくどうりんね》」と称します。

そして、「声聞界」「縁覚界」「菩薩界」「仏界」を合わせて「四聖《しせい》」といいます。これをまとめると、次のようになります。

●三悪道……地獄界・餓鬼界・畜生界
●三善道……修羅界・人間界・天上界
●四悪趣……地獄界・餓鬼界・畜生界・修羅界
●六　道……地獄界・餓鬼界・畜生界・修羅界・人間界・天上界
●四　聖……声聞界・縁覚界・菩薩界・仏界

次に「十界」の内容を別の言い方にしてみましょう。

❶**地獄界（瞋《いか》り）**……苦悩の生活。破壊につながる
❷**餓鬼界（貪《むさぼ》り）**……ものを欲しがる生活。欲望の世界
❸**畜生界（愚《おろ》か）**……目先のことにとらわれて大意《たいい》や道理を失う。また、どうにもならないことである愚痴をいう
❹**修羅界（諂曲）**……争う生活。媚《こ》びへつらう。強い者には媚びて、弱い者には強く出る
❺**人間界（平《たい》らか）**……「五常」「五戒」を守る人間らしい生活
❻**天上界（喜ぶ）**……歓喜にあふれた生活。このいちばん上を「有頂天《うちょうてん》」という
❼**声聞界（無常）**……仏様の声を聞いて覚る、狭《せま》い悟りの者。学者など
❽**縁覚界（無常）**……世の中に永久的なものはないと覚って、自分の思案に安心を求めている者。芸術家や仙人など
❾**菩薩界（慈悲）**……他のために自分を犠牲にできる者。人間としての徳性。

相手の喜びが自分の喜びとなって、決して見返りを欲しない者

⑩ 仏　界（悟り）……迷いのまったくない状態。具体的には「十界」が正しく活動している状態

「十界」のそれぞれについて、もう少し説明を加えてみましょう。

(1) 地獄界

地獄界という「いかりの生命」は、自分の考えに反する言葉や行動を見聞きしたときに起こってきます。「いかりの生命」が増してくると、近くにあるものを壊したり、人を傷つけたりしてしまうことから、「破壊の生命」ともいわれます。周りの人の声が届かず、取り返しのつかない言動をしてしまい、あとで苦しむのです。

「いかりの生命」は他人を傷つけます。それが因業となり、結果として自分に返ってきます。人の道を踏み外していく「三悪道」のなかでもいちばん恐ろしい

生命です。「瞋恚の角《つの》」「瞋恚の炎」ということわざがあります。いかりの恐ろしさを、他人を突き刺す先が鋭くとがった「角」や、自分の見解をも焼き尽くす「炎」にたとえて戒めたことわざです。それほど「いかりの生命」は凄《すさ》まじいものなのです。

また、仏教では「いかりは必ず自分の心と身体を熱く悩まし、さまざまな悪い出来事を起こす原因になる」と説いています。仏様のお心は「私たちのことを自分の子ども」と見ています。地獄界の生命は、仏様のお心とは正反対であるため、人格の向上も望めません。

いかりの念が自分の心の全体を支配したときに、地獄界の生命が出現して、惨劇を引き起こします。結果として、地獄界が現実のものとなって顕れてしまうのです。

人はあまりにも怒ってしまう(＝意業)と、人に対して言ってはいけないことや(＝口業)、やってはいけないこと(＝身業)をしてしまいます。できるだけ「いかりの生命」は出さないように心がけましょう。

(2) 餓鬼界

餓鬼界という「むさぼりの生命」は、自分の気に入った物品・異性・地位・名誉などを欲する生命です。この欲は「一を得れば二を望み、さらに三を求めて……」と、とどまるところを知りません。

子どものことを「ガキ」といいます。子どもは目の前に欲しいものがあれば、なんでもすぐに欲しがるので「ガキ」と呼ばれるのです。人間は自分の欲しいものを手に入れようとして、つい「悪業」を積んでしまうことがあります。

たとえば、結婚したいという願いが叶《かな》い、次に子どもが欲しいという願いも叶って幸せに暮らしていたとしても、子どもが中学生くらいから学校に行かなくなったり、家庭内暴力を振るうようになったりして、悩み苦しんでいる人はたくさんいます。人間の欲にはキリがありません。欲望が叶っていろいろなものを手に入れることで、また新たな悩みが生まれます。

まとめると、人間は常に次のようなことを繰り返して生きているのです。

●欲しい（物品・異性・地位・名誉・財産など）

⬅

●手に入れる（欲望の願いが叶う）

⬅

●悩み苦しむ（欲しいものを手に入れたことで起こる）

餓鬼界の生命が強くなると、人としての道理を分別することができません。とにかく貪り、利益のみを追求し、理性を失うなど、みにくい姿をさらけだすことになります。

このような人たちは、他人からの親切や恩恵には満足しますが、決してその人たちに「感謝」をしません。そうされることが当たり前だと思い、さらに欲心を募らせて他人をわずらわせては不平不満を言い続ける日々を送るのです。

このように餓鬼界の生命活動が強くなってくると、やって善いことと悪いことの分別がつきません。欲しいものはどんな手を使ってでも手に入れるようになり、人の道を外して後悔することになります。

仏教では「少欲知足《しょうよくちそく》」を説いています。これは「少しの欲で満足する」という意味です。もし欲しいものがあった場合、自分の収入に合ったものなのか、自分の身の丈《たけ》に合ったものなのかを、よく考えて決めることが大切です。

また、仏教では「得るときは楽少なく、失うときは苦多し。蜜を刀に塗るに、舐《な》めるもの甘きを貪りて舌を傷つくを知らず、後に大いなる苦を受くるが如《ごと》し」と説かれています。「ものを手に入れるときは簡単に得られることは少なく、たいへんな思いをして手に入れたものを失うときの苦しみは大きい。刀に塗った甘いハチミツを舐めることばかりに欲がくらんでしまうと、舌を切ってしまい、痛い思いをして後悔するのでよく考えよ」という意味です。

このような貪る欲が私たちの心に充満したときに、餓鬼界の生命が出現します。どんなに欲しいものを手に入れることができなくても、絶対に人のものを盗んではいけません。それをしてしまうと「五常（＝仁《じん》・義《ぎ》・礼《れい》・智《ち》・信《しん》）」「五戒（＝

不《ふ》殺生《せっしょう》戒《かい》・不《ふ》偸盗《ちゅうとう》戒《かい》・不《ふ》邪淫《じゃいん》戒《かい》・不《ふ》妄語《もうご》戒《かい》・不《ふ》飲酒《おんじゅ》戒《かい》）」（＝これを守るのが人間）を破ることになり、カタカナの「ヒト」になってしまいます。悪業を積むと、あとで必ずその報いを受けなくてはなりません。

しあわせを願うのであれば、絶対に「五常」「五戒」は守ってください。

(3) 畜生界

畜生界は「愚かな愚痴の生命」をいいます。犬や猫などの動物たちは、人間が守るべき理性を持ち合わせていません。理性を持っていない彼らと同じような「愚かな生命」をさします。

たとえば、動物たちは自分の子どもとしばらく離れて生活させてから戻すと、親子関係がわからずに、親と子で子どもをつくったりします。しかし、人間には理性があり、そのようなことは一般的には起こりません。ただ、なかには理性を失ってしまい、自分の実の娘に性的暴力を加えてしまう愚かな「ヒト」がいます。

仏教ではそのような者は「人間」と呼ばず、動物学的カタカナの「ヒト」といいます。

人間とは、人と人のあいだにある「五常」「五戒」を守っている者をいいます。たとえば、「五常」のなかの「仁」とは、慈《いつく》しむという意味です。ものや人を慈しみ、むやみに生きものを殺さないということから、仏教では「不殺生戒」となります。これはむやみに生きものを殺さない戒律を守る者を「人間」というからです。

また、過去に起こしてしまった過ちや出来事は、どうにもなりません。それに対して、普通の人は「これからどうのように対処していくか」を考えます。しかし、畜生界の生命の強い人は、いつまでも過去の出来事に不平不満を言い続けます。これが愚痴です。

畜生界は、ただ目の前にある物質的な利害のみに強い執着《しゅうちゃく》をします。それは本心を失って、他をかえりみることができず、自分のしたことに対して相手がどのような気持ちになるのかを予想できない「愚かな生命」なのです。

仏教では「己《おのれ》の愚を知る愚人《ぐじん》は当《まさ》に善慧《ぜんえ》を得べし。自ら智ありと称する愚人は愚人のなかの真《しん》の愚人なり」と説きます。これは「自分の愚かさを知っている者は、謙虚な心を持っているので、善い智慧を得られる。自分を賢く智慧のある者と慢心する者は、自分を他人より良く見せたがるため、その見栄を守ろうとして人の道から外れるので、ほんとうの愚人である」という意味です。

畜生界の生命が強い人ほど、自分は頭がいいとか、センスがいいと触れこみ、自分を他人より良く見せたがります。

このように末法時代の人間は、自分の気にくわないことを見たり聞いたりすると、すぐに怒り（＝地獄界の生命）、新しいものや自分の気に入ったものを見ればすぐに欲しがり（＝餓鬼界の生命）、どうにもならないことをいつまでもブチブチと愚痴を言い続ける（＝畜生界の生命）のです。

これが「三悪道の生命」なのです。末法時代の人間は、三悪道の生命がとても強く盛んに顕れやすいのです。

⑷ 修羅界

修羅界は「人と争い、自分の利害のためには道理を曲げてしまい、私欲の心がみなぎっている生命」です。

自分だけの利益のためなら、正しい理論を曲げて人に諂《へつら》い、一時しのぎの便宜上の手段を求めます。このようなことをすると、必ずあとから闘争が起こります。これが修羅界の本質です。

修羅界は、畜生界と少し似ているところがあります。たとえば、自然界では乾期に飲み水が少なくなると、力のある強い動物たちから水を飲みます。これは強いものに弱いものが媚びへつらうという修羅界の生命であり、畜生界もこの点では同じです。

また、自分より弱い者に対しては怒鳴ったり、脅したりしますが、強いものに対しては決して逆らいません。このように修羅界の生命は「自分の欲しいもののためには理論を曲げて、人に媚びへつらう」ので「諂曲《てんごく》」というのです。

修羅界は「三善道」に入っています。「争うことが、なぜ善い道なのか?」と疑問を持つ人もいるでしょう。それは「自我と他人我の争い」は「悪」ですが、「悪に対して争うこと」は「善」になるからです。

(5) 人間界

人間界は「いつも平和な心で、もめごとや争いごとのない平穏無事《へいおんぶじ》な一日を願う平らな生命」のことです。

このような心持ちで日々生活しているのが、本来の人間の姿なのです。

また、「五常」「五戒」を保っている者を「人間」といい、子どもの躾《しつけ》をする基準となります。「五常」「五戒」については、もう少し詳しく説明します。

【五常・五戒について】（＝本来、人間に自然に備わっているもの）

●**五常**……仁・義・礼・智・信

●**五戒**……不殺生戒《ふせっしょうかい》・不偸盗戒《ふちゅうとうかい》・不邪淫戒《ふじゃいんかい》・不妄語戒《ふもうごかい》・不飲酒戒《ふおんじゅかい》

○**仁**……「人を憐《あわ》れみ生命を慈しみ、ものを育《はぐく》む心」という意味。生きものを殺

さないことなので、仏教でいう「不殺生戒」に同じ

○義……「事謂《ことい》われをたがわず、邪《よこし》まなことをせず、人の徳という道理を失うことなく、人のものを主人に知らせず自分のものにしない」という意味。人のものを盗まないことなので、仏教でいう「不偸盗戒」に同じ

○礼……「父母を敬い、天道仏神《てんどうぶっしん》を貴《たっと》び、礼節を重んじ、邪まな振る舞いをしない」という意味。人の妻を取るような邪な行為をしないことなので、仏教でいう「不邪淫戒」に同じ

○智……「万事の有様をよく知り、善と悪をよく弁《わきま》えて、善を行い、悪を行わず、ものの有様を知っていれば決して妄語《もうご》しない」という意味。人に対して嘘をつかないという戒律で、仏教でいう「不妄語戒」に同じ。嘘はすべていけないわけではなく「人に迷惑をかけるような嘘をついてはいけない」という解釈

○信……「事において誠実であり、欺《あざむ》かない、自分の言ったことを守るということから、信があれば心は狂乱せず、酒は人の心を乱す」という意味。心

が乱れて本心を失うような酒は飲んではいけないという戒律で、仏教でいう「不飲酒戒」に同じ

「五常」とは、仏教でいう「五戒」となります。これを守れない人は「人間」ではなく、理性をなくしてしまった畜生界の「ヒト」となってしまいます。

私の師匠はお寺に客人が見えたとき、きちんとあいさつのできない人には、決して仏教の話はしませんでした。その理由は、仏教は人間に説かれているので、あいさつができないということは人間ではない（＝ヒト）からです。ヒトに仏教の話をしても理解することができないので、説いても無駄だということです。

本来、人間は平穏無事を願っています。ただ、それを持続することは難しく、つい怒ったり、愚痴を言ったり、争ったりと、常に「六道」に迷ってしまうのです。

⑹ 天上界

天上界は、キリスト教でいう「天国」で、「歓びの境地」のことです。天上界は「あ

る程度の欲心から離れて、さまざまな悩み・苦しみ・悲しみや、心が沈んでいることを忘れて、歓びに浸《ひた》る生命」をいいます。つまり「歓びの生命」をさします。天上界のいちばん上を「有頂天」といいます。

仏教では、天上界に留まることはないと説いています。たとえば、大好きな彼氏と結婚式をすることになり、披露宴の席で入場するときやウェディングケーキをカットするときにみんなから祝福された喜びは、まさに「有頂天」です。それから二〇年、三〇年と月日が過ぎて、当時の喜びが今日《こんにち》に至るまで途切れることなく続いている人はまずいないでしょう。必ず日常生活のどこかで、地獄界・餓鬼界・畜生界・修羅界へ堕ちていきます。ところが、次の声聞界の喜びは違うのです。

(7) 声聞界

声聞界は「仏様の声を聞き、いっさいの執着から離れた生命」をいいます。お釈迦様の十大弟子がこれにあたります。彼らはお釈迦様が本当の悟りを説く前の教えで満足して、小さい悟りを得た状態となり、それを自分の喜びとして満足しています。

私たちの社会では、科学者などが声聞界にあたります。自分たちの研究に没頭して、ほかのものにはいっさい執着しません。

たとえば、iPS細胞を発見した科学者のチームは、彼らにしかわからない一種の覚りの世界を持っています。この細胞システムを発見したときの感動は「天界の有頂天」とは違って、心のなかで深く刻み込まれ、生涯忘れることはありません。また、オーケストラで非常にすばらしい演奏ができたときの演奏者たちの喜びも、声聞界なのです。

(8) 縁覚界

縁覚界は、「たとえば花が散るのを見るという〝縁〟によって、この世に常なるものはなく、この世のすべては無常であることを〝覚《さと》〟り、いっさいの執着から離れた歓びの生命」をいいます。縁によって覚る生命なので「縁覚」というのです。

たとえば、ピカソの絵を見て「この絵はすばらしい」と高額なお金を出す人がいます。私にはどうしてもそこまで価値のある絵には見えないのですが、芸術家たちには彼らにしかわからない価値観を持つという、一種の覚りがあります。その作品を見たときの感動、作品を買って手に入れたときの満足感、作品を描いて完成したときの喜びもまた、声聞界と同様に忘れません。

また、縁覚界は仙人に似ています。仙人は白髪を伸ばし、長いヒゲを生やした高齢の男性で、やせ型で杖をついて歩き、雲より高い山の上に住んでいます。下界を見下ろしては、一般社会で起こっている人間同士の怒り・貪り・嫉妬・恨みといった俗世間《ぞくせけん》から離れて暮らし、「彼らはじつに愚かである」と言うなど、一種の覚りを開いたような喜びを感じながら生きている状態をいいます。

⑼ 菩薩界

菩薩界は、「慈悲の心をいい、自分の大切なものや命を他人のために捧げる生命」をいいます。たとえば、寒さで震えている人に温かい飲み物を与えて、もらった人が微笑《ほほえ》んで「ありがとう」と喜んでくれたら、それだけで満足なのです。菩薩界の生命は、決して見返りを欲しません。

以前、母親と四歳くらいの娘さんが歩道を歩いていたところに、トラックが突っ込んできたというニュースを見ました。とっさに母親が娘を自分の体でかばって亡くなり、娘さんは助かったそうです。これは母親の持っている菩薩の生命がとっさに顕れ、わが子を助けたのです。わが子を助けたいという母の思いに見返りはありません。

また、『24時間テレビ「愛は地球を救う」』というテレビ番組があります。本当に愛で地球が救えるのでしょうか？

仏教で考えてみると、愛で地球は救えません。たしかに愛情は必要ですし大切ですが、「愛情」の裏側には「憎悪《ぞうお》」という「恨みと憎しみ」が隠れているからです。

たとえば、あるカップルがいて、ふたりとも一〇〇％の愛情でお互い愛し合ったとします。ところが数年後、彼にほかに好きな人ができて、別れてしまいます。

しかし、彼女はまだ彼のことが好きで好きでたまりません。彼の心が自分から離れてしまい、少しずつ彼女の愛情が憎しみに変化して、いつの日か一〇〇％の恨みに変わっていくのです。愛情が強ければ強いほど憎しみや恨みの気持ちも強くなって、ストーカー行為などに発展して相手を困らせます。いちばんよくないのは、殺人事件に発展するケースです。

みなさんに知ってもらいたいのは、愛というのは必ず見返りを欲します。その愛情の裏側には憎悪という恐ろしい感情がひそんでいることです。

しかし、菩薩の生命は違います。見返りをいっさい欲しません。ですから仏教では、地球を救うのは「愛」ではなく「慈悲」なのです。

また、仏教では成仏を説きます。仏《ほとけ》になることは「結果」です。その「原因」は何かというと、「菩薩の修行」です。このことについては、あとで詳しく説明します(122ページ参照)。

⑽ 仏界

仏界は「迷いや苦しみのまったくない悟りの生命」をいいます。人間の「八識」がきれいになって清浄無垢な生命状態になると、「八識」の奥にある「九識心王真如の都」が顕れます。こうなると、人間の心のはたらきは仏様の生命活動と同じになって、正しい十界の生命活動が顕れます。

また、私たちが美しいものを見たり、美しい音楽を聴いたりすると、感銘を受けたり、感動したりするのは、いちばん美しい心である仏界があるからです。

以上が私たちにある十界の生命です。

㈡ 十界は「縁」によって顕れる

宿業は「縁」によって起こりますが、十界も「縁」によって顕れます。人間の十界は私たちの心（＝六識）の奥の非常に深いところにあって、自分で意識することはできませんが、「縁」によってさまざまに顕れます。

たとえば、人から頭にくることを言われたり、何もしていないのに急に変なことをされたり、叩かれたりといった「縁」によって、「いかりの生命」が出てきます。これは「地獄界」です。また、ものが欲しくなるのも、見たり聞いたりする「縁」によって顕れます。これは「餓鬼界」です。このようにさまざまな「縁」が、地獄界から菩薩界までの生命を顕します。

しかし、残念なことに「地獄界から菩薩界まで」の九界の生命は普段の生活のなかの「縁」で顕れてきますが、仏界である仏様の生命を出す「縁」は普段の生活のなかにはありません。

仏様の生命を出す「縁」については、あとで詳しく説明します(129ページ参照)。

(三) 十界の生命を比較する

人間の生命は一〇段階に分かれ、そのいちばん低い生命が地獄界です。そして、最高の生命は仏界となります。

この十界を一〇階建てのビルに例えてみると、次のようになります。

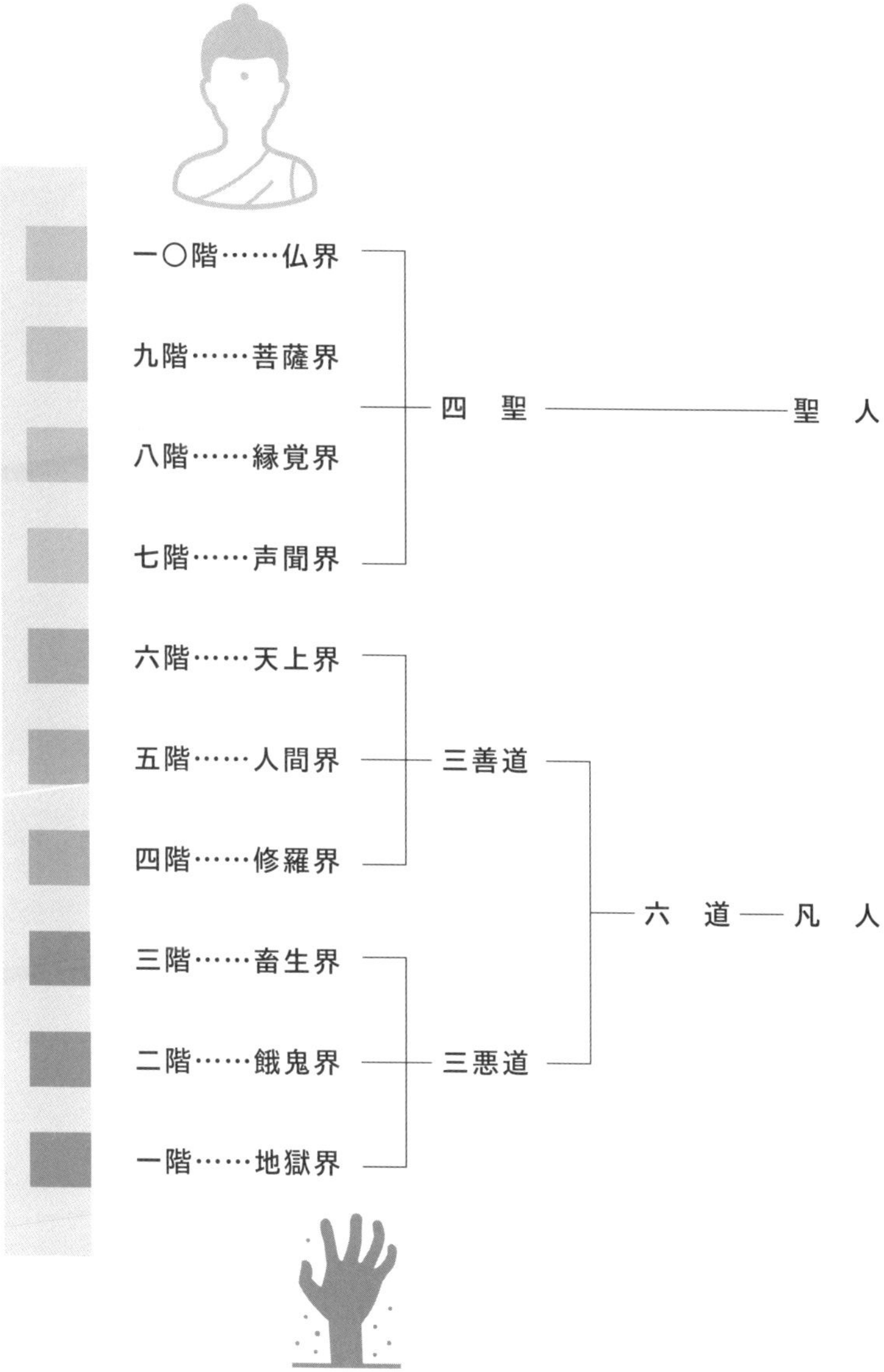
一〇階……仏界
九階……菩薩界
八階……縁覚界
七階……声聞界
四　聖
聖　人
六階……天上界
五階……人間界
四階……修羅界
三善道
三階……畜生界
二階……餓鬼界
一階……地獄界
三悪道
六　道
凡　人

じつは、最上階の一〇階に住む「仏様」から、五階に住む「人間」を見ると、なんとも愚かな生きものに見えます。

もう少しわかりやすく説明するために「五階に住む人間界の人間」と「三階に住む畜生界の犬」とで比較してみましょう。

畜生界の犬の目の前に「一万円札」と「数本のビーフジャーキー」を置くと、ほとんどの犬が数本のビーフジャーキーを取ります。一方、同じことを人間にやってみると、ほとんどの人が一万円札を取ります。人間は一万円あったらビーフジャーキーが何本買えるかと考えますが、犬にはそれがわかりません。当たり前と言えばそうなのですが、人間界から二つ下の階の畜生界でさえ、これだけ愚かに見えるのです。

たとえば、つまらないことで怒っている人や、すでにやってしまったことや起こってしまったことに対して「愚痴」を言っている人を仏様が見たら、そうとう愚かに見えるはずです。とくに地獄界・餓鬼界・畜生界という三悪道は、いつもセットで顕れることが多いです。

㈣ 十界は互具《ごぐ》している

① 互具とは

互具とは「お互いに具している」という意味です。これは、お釈迦様の最高の経典である「法華経」で、はじめて説かれた考え方です。それは「十界のそれぞれに十界を具している」と説いています。

もう少しわかりやすく説明すると、私たちがいま自分の眼で見ている世界は、十界のなかの「畜生界」と「人間界」の二つだけです。「畜生界」の犬や猫といった動物たちにも十界の生命があり、同じく「人間界」の私たちにも十界の生命があり、「仏界」も同様となります。つまり、「仏界」の仏様にも地獄界・餓鬼界・畜生界・修羅界の四悪趣の生命がありますが、ほとんど出てくることはありません。

「法華経」では、宇宙に存在するすべてのものに十界が存在していて、それは草木から道端の石ころに至るまで、すべてに「仏界」という仏様と同じ生命が存在していると説きます。

これについては「なぜ、ものに心があるのか?」と、少しおかしいと思う人もいることでしょう。私も師匠に教えていただくまでは知りませんでしたし、すぐには理解できませんでした。

私たちの身の回りには、いろいろなものがあります。たとえば、包丁は使う人の心ひとつで「悪」にも「善」にもなります。おいしい料理をつくり、食べる人が喜んでくれれば、この包丁は「天上界」で「善」の「はたらき」をしたことになります。ところが、人を殺す凶器として使えば、同じ包丁でも「地獄界」で「悪」の「はたらき」をしたことになるのです。

これを仏教では「物心一如《ぶっしんいちにょ》」といいます。つまり、「物と心は一体」なのです。また、物や人の心のなかに必ず「善と悪」が存在します。心の場合、「三悪道」と「四悪趣」は「悪」ですが、「三善道」と「四聖」は「善」となります。

これを仏教では「善悪一如《ぜんあくいちにょ》」といいます。つまり、宇宙に存在するすべての「人」

や「物」は「善と悪」を具しているということになります。

もう少し「物心一如」ついて説明しましょう。

たとえば、夢のマイホームを手に入れたとします。建てられた「家」は、他人から見ればただの「物」に過ぎません。しかし、この「家」を建てた家主から見れば、間取り・設計・お風呂・トイレ・その他いろいろなことを相談して、「こうしたい」「ああしたい」とさんざん悩み、金銭面も含めてさまざまな思いが込められています。ですから、この家は「他人」から見ればただの「物」ですが、「家主」から見れば「家主の心」そのものなのです。

自分の思い、家族の思い、さまざまな思いがたくさん詰まっている「家」であって、そこに住む人の「心」をかたちにした「物」です。つまり「物」というのは、見る方向を変えれば「心」となるのです。

②仏様の眼

仏様の眼を「仏眼《ぶつがん》」といいます。仏眼で見れば、先述の家は間違いなく「家主の心がこもった家」に見えるのです。仏様というのは、「物」を見ただけで、そこに込められている「心」まで見えてしまうのです。

ですから仏様は、私たちの顔を見ただけで、その人が「過去世でどのようなことしたか」「生まれてからいままで何をしてきたか」「いまの考え方でこのまま人生を歩んだら、死後の世界や未来世はどうなってしまうのか」といったことが、全部わかってしまいます。これが「過去世・現在世・未来世」の三世を見ることのできる「仏眼」というものです。

これは、私たちにも「仏界」が顕れると見えてきます。それが悟りを得た仏様の眼ということです。

仏様の見え方と人間の見え方の違いを、電車に例えてみましょう。私たちが電車に乗っているとします。進行方向が「未来」、通り過ぎたところを「過去」として、窓から見える景色を「現在」とします。電車の窓から見ている人間と違って、仏様はこの電車が走っている状態をはるか上空から見ています。そうすると、「この電車はどこから来て（＝過去世の因）、いまどこを走っている（＝現在つまり過去世の果）のか」「いま（＝現在世の因）どこに向かって（＝未来世の果）走っているのか」といったことがすべて見えるのです。

これが、三世を見る眼を持っているということです。過去世・現在世・未来世の三世でものを考えることは、人間にとって非常に大切なことです。

仏様の見え方と人間の見え方の違いの図

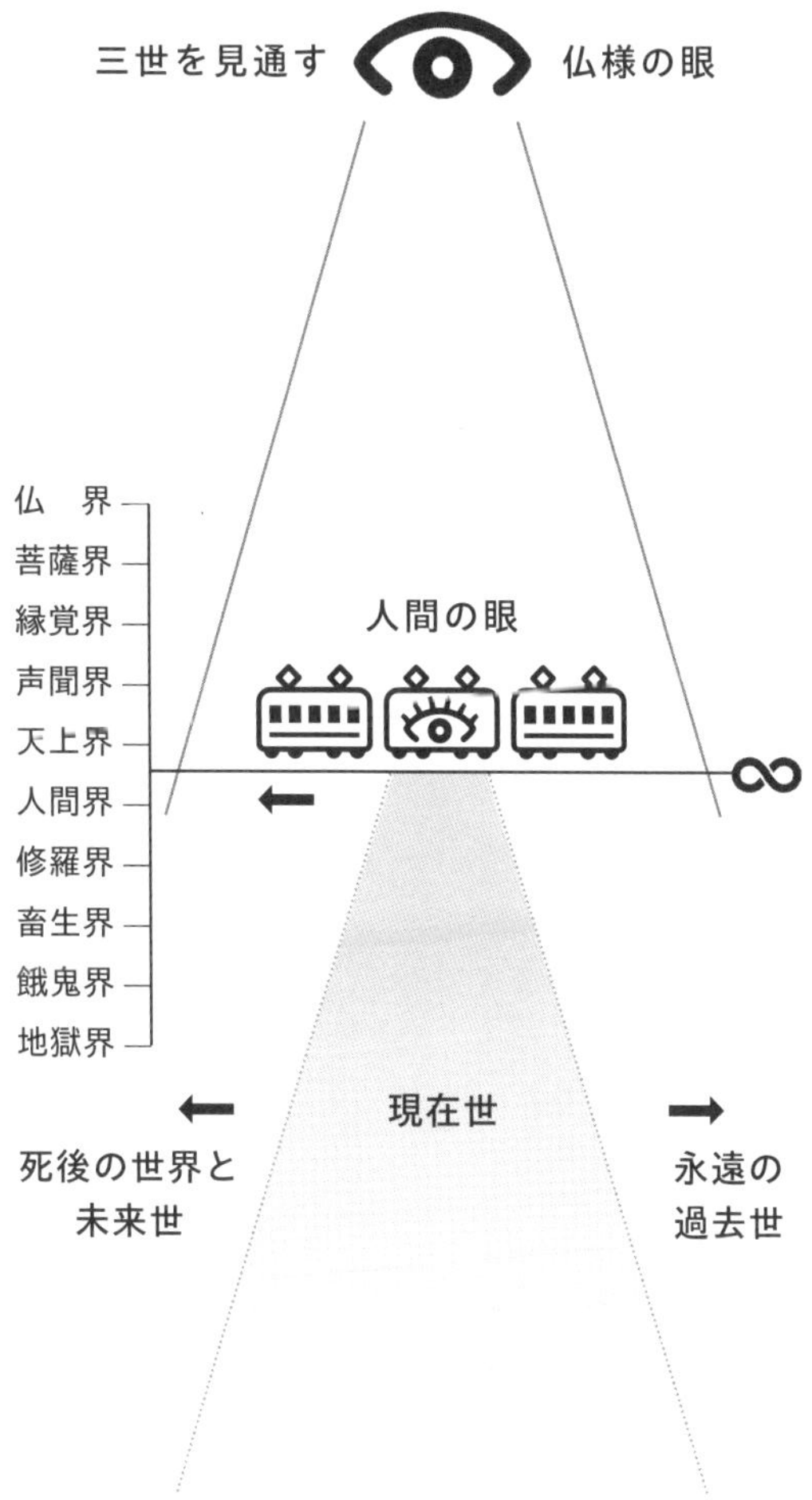

㈤ いろいろな地獄――八大地獄《はちだいじごく》

地獄界を説いている経文はたくさんあり、全部で約八万四〇〇〇種類の地獄があるといわれています。そのなかで、よく知られている「八大地獄」と呼ばれるものを詳しく説明しましょう。

① 等活《とうかつ》地獄

等活地獄に墜ちる罪人は、お互いに相手が何か攻撃してくるのではないかと、常に悪影響を及ぼす心を抱いています。爪《つめ》は先のとがった鉄になっていて、お互いにその爪でつかんで体全体を裂いて、骨になるまで戦います。

また、あるときは獄卒から鉄の杖や棒で、頭の上から足のつま先に至るまで打ち砕《くだ》かれ、死んではよみがえり、再びこの苦しみが永遠と続きます。そして、等活地獄に堕ちている期間は、約三三億三〇〇〇年となります。

②黒縄《こくじょう》地獄

黒縄地獄は等活地獄の下にあり、より罪が重い罪人が墜ちるところです。

ここでは獄卒が罪人をとらえて、地面にうつ伏せにし、そこに真っ赤に焼いた熱い鉄の縄で、罪人の体全体にしるしをつけます。そのしるし線のとおりに、真っ赤に熱した鉄の斧《おの》で罪人の体を裂いたり、ノコギリでひいたりします。

また、高いところに真っ赤になった熱い鉄の縄を張り、その上を罪人に鉄の山を背負わせて渡らせ、そこから落ちて体が鉄の山の重さで粉々に砕かれる苦しみが何度も繰り返します。この罪人の期間は、等活地獄の一〇倍です。

③衆合《しゅうごう》地獄

衆合地獄は黒縄地獄の下にあり、より罪が重い罪人が墜ちるところです。

ここでは獄卒が罪人をかりたてて、鉄の山のあいだに入れます。このとき、両側の双方の山が罪人に迫って押しつぶし、身体は粉々に砕かれて、大地には大量の血液が流れだします。

また、鉄の山が空から罪人の上に落ちてきて、砂のように粉々になります。あるいは、鉄の臼《うす》のなかに罪人を入れて、鉄の杵《きね》で餅《もち》をつくように罪人をついて殺します。この罪人の期間は、等活地獄の一〇〇〇倍です。

④叫喚《きょうかん》地獄

叫喚地獄は衆合地獄の下にあり、「号叫《ごうきゅう》地獄」ともいいます。罪人たちがあまりの苦しみに耐えかねて、喚《わめ》き叫《さけ》ぶ声を出すことから、叫喚地獄と呼ばれます。

ここでは獄卒が罪人を弓矢で射抜き、鉄の棒で頭を打ちます。あるいは、罪人を真っ赤に熱した鉄の大地で走らせ、真っ赤に熱した鉄の台の上で火あぶりにしたうえで、さらにひっくり返して別の面をあぶります。

また、鉄の釜《かま》でドロドロに溶かした銅を、罪人の口に流し込みます。罪人は食道・胃・小腸などの内臓が焼けただれて、その溶けた内臓が肛門から出るという、非常に悲惨な苦しみを受けます。

⑤ 大叫喚地獄《だいきょうかん》

大叫喚地獄は叫喚地獄の下にあり、激痛に耐えかねて大きな悲鳴をあげることから大叫喚地獄といい、前の四つの地獄の一〇倍の苦しみとされています。

ここでは罪人は真っ赤に焼けた鉄の針で、口や舌を刺されます。あるいは、真っ赤に焼けたペンチで舌を抜かれ、眼をくり抜かれます。また、刀で体を少しずつスライスされ、そのたびに激痛が走ります。

⑥ 焦熱地獄《しょうねつ》

焦熱地獄は大叫喚地獄の下にあり、火が身につきまとって体全体が焦げ、悲鳴が出せないほどの痛みを伴います。

ここでは獄卒が罪人を熱々の真っ赤な鉄の大地に伏せさせ、頭の上から足の先まで真っ赤に熱した鉄の棒で、打ったり突いたりします。また、鉄の串で罪人の体を突き刺して、裏返しながら炎にあぶられて焼かれます。

⑦ 大焦熱地獄《だいしょうねつじごく》

大焦熱地獄は焦熱地獄の下にあり、前の六つの地獄の一〇倍の苦痛を受けます。ここに向かう罪人は、まず閻魔《えんま》大王の前に連れてこられ、厳しく責められて、いろいろな罪状を告げられたあとで、大焦熱地獄に堕とされます。

ここは地面から大空まで、すべてが炎で覆われています。罪人はこの炎のなかで、何千億年というとても長いあいだ焼かれ、激痛に襲われます。さらに、ドロドロに溶けた真っ赤な鉄を体にかけられ、よりいっそうの激痛にもだえます。このようなことをされれば、すぐに死んでしまいますが、たちまち生き返り、それが何千億年という気が遠くなるような時間にわたって繰り返されるのです。

⑧ 無間《むげん》地獄

無間地獄は「阿鼻《あび》地獄」ともいいます。ここは大焦熱地獄の下にあり、前の七つの地獄の苦しみの一〇〇〇倍ですので、もう言葉では例えようがありません。

あまり想像したくありませんが、大焦熱地獄でさえ、かなりの苦しみであることは理解できます。大焦熱地獄では、死んで生き返る瞬間に、ほんのわずかですが少しは苦しくない時間があります。しかし無間地獄には、その瞬間さえもないのです。とにかく、瞬時も苦しみが途切れることなく続きます。

無間地獄に堕ちる原因は、「仏様を殺す罪」です。自分のなかにも他人のなかにも、みんな「仏様の生命」があります。「仏様を殺す」罪がいかに重いのか、ここまで紹介した地獄の世界でわかると思います。誰もこのような無間地獄には堕ちたくないでしょう。

ですから、ほんとうに「自殺をしても楽にならない」のです。

八大地獄の説明のなかで、地獄に堕ちている期間が何千億年とありましたが、「天上界の人たち」にとってはそんなに長い時間ではありません。先述しましたが、楽しいときの一時間と、つらく苦しいときの一時間とでは、実際に感じる長さが違うようなものです（71ページ参照）。

●楽しいときの一時間……とても早く、短い
●苦しいときの一時間……とても遅く、長い

たとえば、「天上界」と「人間界」と「地獄界」で時間を比べてみましょう。

○**天上界**……………………一日
○**人間界**……………………二〇〇年
○**地獄界（叫喚地獄の場合）**………五三兆二九〇〇億年

「天上界の一日」が「叫喚地獄では五三兆二九〇〇億年」という、とてつもない時間に感じてしまいます。時間は地獄界の下に行けば行くほど長く感じます。とくに地獄界のいちばん下にある無間地獄に堕ちたときの時間の長さは「叫喚地獄の一万倍」ですので、もう想像することすらできません。

第七章

みんな永遠の生命を持っている

(一) 永遠の生命は「法華経」に説かれている

永遠の生命が説かれている「法華経」という経典について簡単に説明します。

「法華経」はお釈迦様が亡くなる前の最後の八年間で説かれた経典です。

「法華経」には、次の四つの大切なことが示されています。これが「法華経」の重要な内容です。

①お釈迦様の教えのなかで「法華経」は最高の経典である
②この宇宙に存在するすべてのものに仏様と同じ生命がある
③人間は永遠の生命を持っている
④仏様に変わって、末法時代にその衆生を救う菩薩の出現が予言されている

(二)「法華経」はなぜ最高の経典なのか？

「法華経」と『法華経』以前の経典」で教えを比べてみましょう。

『法華経』以前の教え」では、「男性」は成仏できますが、「女性」は成仏できません。「男性」のなかでも「善人」は成仏できますが、「悪人」は成仏できません。「善人」のなかでも「菩薩界の人」は成仏できますが、「声聞界・縁覚界の人」は成仏できません。

つまり「『法華経』以前の教え」では、「男性」のなかの「善人」である「菩薩界の人」のみしか成仏することが許されなかったのです。

×女人
○男人……×悪人
　　　○善人……×声聞・縁覚の人
　　　　　　　○菩薩の人

しかし「法華経」では、まず声聞界・縁覚界のお釈迦様の弟子たちが成仏します。続いて、お釈迦様のいとこで大悪人であった提婆達多《だいばだった》（＝何回もお釈迦様を殺そうとした罪によって生きながら地獄へ堕ちた）も成仏します。「法華経」は女人の成仏や草木の成仏などを説かれ、宇宙に存在するいっさいのものに仏性があることを示しました。

○男人　○女人　○善人　○悪人　○声聞・縁覚の人　○菩薩の人
（＝○十界すべての人）

これには「法華経」の教えを聞いていた、すべての人たちが驚きました。なぜ驚いたかというと、最初に成仏した「声聞界・縁覚界の人たち」はお釈迦様から「おまえたちはフライパンで煎《い》って真っ黒になった種のように、絶対に仏の芽が出ないので、成仏できない」といわれてきたからです。

仏の芽が出ないといわれた理由は、声聞界・縁覚界の人たちがお釈迦様の説きたかった最高の経典を説く前の「方便の教え」を聞いて満足してしまい、お釈迦様がほんとうに説きたかった教えを求めようとしなかったからです。

しかし「法華経」は「十界の互具」を説いていますので、声聞界・縁覚界以外のすべての十界に「仏様の生命の存在」を認めています。ですから、みんなが成仏できる最高の教えなのです。

さらに、お釈迦様は「法華経」のなかで「法華最第一」と示し、お釈迦様のすべての経典のなかで「いちばんであり、最高である」と説いています。

それでは「『法華経』以前の教え」は、すべて間違いだったのでしょうか?

じつは、間違いではありません。お釈迦様が説いた教えは、すべて正しいのです。

お釈迦様がほんとうに説きたかったのは「法華経」ですが、いきなり「法華経」を説いても、当時のインドの人たちには理解できませんでした。そのため、少しずつ簡単な教えから難しい教えへと「方便（＝人を真実の教えに導くために、仮にとる好都合な手段）」を使って説いていったのです。

これをわかりやすくするため、「法華経」を「二次方程式」に例えてみましょう。足し算や引き算もわからない人に、いきなり「二次方程式」を説明しても理解できません。まずは足し算や引き算を理解してもらい、かけ算・割り算・分数・少数・文字式・一次方程式へとやさしい順番から教えていくはずです。私たちも小学生から中学生にかけて、やさしい計算から順番に学び、中学生の最後に「二次方程式」を習います。

「二次方程式」を最高の教えである「法華経」とすると、「足し算・引き算・かけ算・割り算・分数・少数・文字式・一次方程式」は『法華経』以前の教え」となります。「二次方程式」が「足し算〜一次方程式」の上に成り立っているのと同じように、「『法華経』以前の教え」の上に「法華経」は成り立っているのです。

ただ、「法華経」が最高の経典であることを証明するために、「『法華経』以前の経典」を用いることは良いのですが、「『法華経』以前の教え」を最高の経典として用いることは、お釈迦様の教えから外れています。お釈迦様の経典はちょうど「ピラミッド」のように「法華経」を頂点として、その下の部分はすべて「『法華経』以前の経典」でできています。ですから、お釈迦様の教えはすべて正しいのです。

たとえば、二次方程式の問題を解くのに、足し算・引き算・かけ算・割り算だけでは問題をすべて解くことはできません。それと同じように、「『法華経』以前の経典」では、ほんの少しは人間の悩みを解決することはできるかもしれませんが、悩みや苦しみを根本的にすべて解決することはできないのです。それくらい「法華経」は、人間の悩みや苦しみをすべて根本から解決することができるほんとうにすばらしい教えなのです。

仏教の教えのピラミッド図

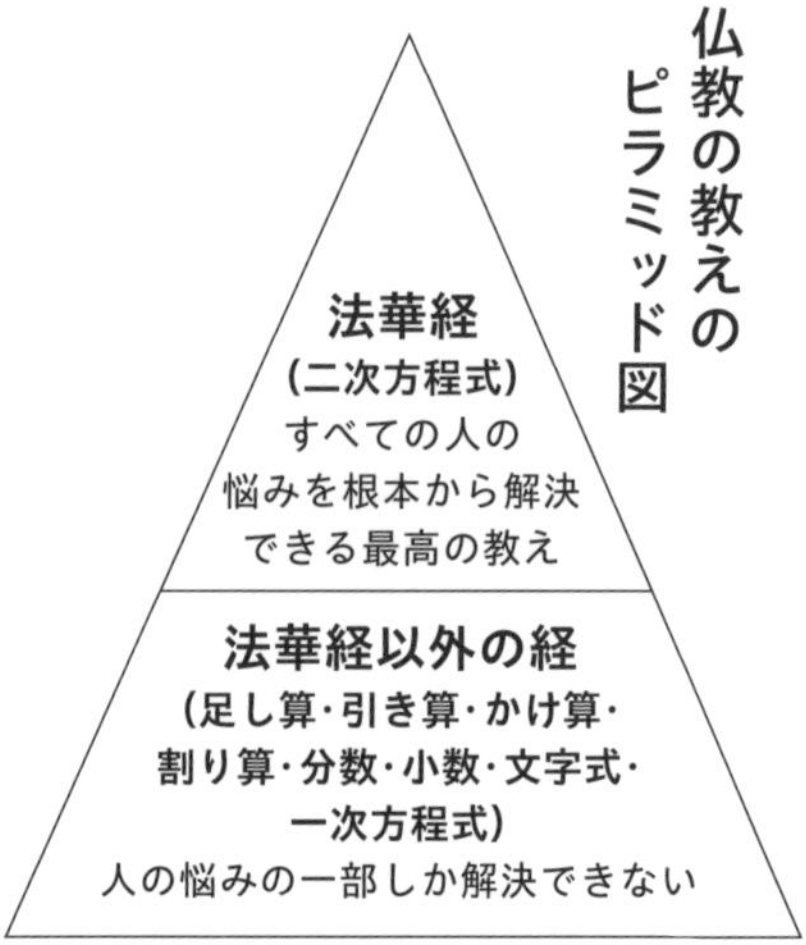
法華経
(二次方程式)
すべての人の悩みを根本から解決できる最高の教え
法華経以外の経
(足し算・引き算・かけ算・割り算・分数・小数・文字式・一次方程式)
人の悩みの一部しか解決できない

(三) 永遠の生命とは

ここから少し話が難しくなります。

お釈迦様は「法華経」のなかで何度も繰り返し「私（＝お釈迦様）が死んだあと、誰かこの『法華経』を広めてくれる者はいないか？」と問いかけます。すると、みんなが手をあげるのですが、そのあとに「この『法華経』を広めると、たいへんな迫害を受ける」と説きました。それを聞いたとたん、挙手した人たちはみんな手を下ろし、迫害が小さくて楽な時代を求めたのです。

お釈迦様が亡くなったあとの時代は、次のようになります。

●正法《しょうぼう》時代……お釈迦様の死後、最初の一〇〇〇年間
●像法《ぞうほう》時代……その次の一〇〇〇年間
●末法時代……お釈迦様の死後、二〇〇〇年を過ぎて以降

正法時代と像法時代は、「法華経」を広める人たちが決まりました。ところが、末法時代に「法華経」を広める者は誰ひとりとして名乗り出ませんでした。

するると、地面が六種類にゆらゆらと揺れ、割れた地面から金色に輝く、年老いた、身なりのすばらしい立派な菩薩たちが、数えきれないほどたくさん出現しました。これを見ていた人が「この菩薩たちはいったい誰ですか？」と質問すると、お釈迦様は「すべて私の弟子たちである」と答えました。

それを受けて「私はお釈迦様が仏になって悟りを開かれてから、こんなに大勢の人を導いてきたのを見たことがありません」と切り返すと、お釈迦様は「じつは、私は久遠《くおん》の遠い昔（＝永遠の昔）からもともと仏である。彼らは、そのときからの一番弟子（＝地涌《じゆ》の菩薩）である」と答えました。

インドに生まれたお釈迦様のほんとうの正体は、「久遠本仏《くおんほんぶつ》（＝久遠の昔からもともと仏であった）」といいます。このとき、はじめてお釈迦様は永遠の生命を説きます。そして久遠本仏を明かしたことによって、永遠の生命が人間にもあることを示したのです。

仏教では「宇宙は無限に広がっていて、永遠の昔からもともとあり、久遠本仏ももともと存在し、人間も宇宙があったときからもともと存在していた」と説きます。そして、それが未来永劫に続くことが説かれています。ですから私たちは、久遠本仏と同じ永遠の生命を持っているのです。

(四) 末法時代を救うのは誰?

先述の地面が割れて出てきた菩薩たちを、「地面から涌きでてきた菩薩」なので「地涌の菩薩」といいます。また、「地涌の菩薩」のいちばん上位の菩薩を「本化《ほんげ》上行《じょうぎょう》菩薩」と称します。

「本化上行菩薩」は末法時代初期に生まれてきて、「法華経」を広めていくなかで「石を投げられ、悪口を言われ、ののしられ、杖でたたかれ、刀で斬られ、場所を追われ、島流しにあう」という迫害を受けることが「法華経」に予言されています。この迫害をすべて受けたのが、「日蓮大聖人《にちれんだいしょうにん》」というお方です。

お釈迦様は、末法時代に人々を救うすべての権限を「本化上行菩薩」に与えます。お釈迦様はこの菩薩に「末法時代の衆生《しゅじょう》はすべておまえに任せたぞ」という付嘱《ふぞく》をします。その付嘱には「法華経」の功徳がたくさん詰まった「御本尊様」というものを顕して、末法時代の人々を救いなさいと説いています。

私たち末法時代の人間は、「御本尊様」に「南無妙法蓮華経」と唱える「縁」によって、心の奥深いところにある「九識（＝九識心王真如の都＝仏性）」が顕れてくるのです。先述したように、普段の生活のなかで「仏」の生命を出す「縁」がないと言ったのは、このことです。

ですから、仏教を真剣に学ぶと「法華経」がいちばん正しいことがわかります。「法華経」を真剣に求めると、必ず日蓮大聖人にたどりつきます。

㈤ 永遠の生命から見たトランスジェンダー

「法華経」の永遠の生命からトランスジェンダーを見てみましょう。

そもそも、人間は「男性」にも「女性」にも、どちらにも生まれてきます。そして、人は生まれてくると同時に、過去世のいっさいの記憶を消されます。そうしないと、たいへんなことが起こるからです。

たとえば、「江戸時代に自分の妻であった女性が、令和の時代にほかの男性と結婚して手をつないで歩いている」という光景を偶然見かけたとしましょう。そうなると、もうたいへんです。「これは俺の女だ、すぐに手を放せ！」とか「おまえ、俺と来世でも一緒になろうと約束しただろ！」というように、過去世の記憶が残っていると、社会秩序が保てません。

先ほど、男女の性別はどちらでも生まれてくるといいました。これを永遠の生命から見てみましょう。

たとえば、一〇〇〇回男性として生まれてきて、今回一〇〇一回目で女性として生まれたとしましょう。すると、その女性の「八識」のデータは一〇〇〇回分、男性としてのデータばかり入っているので、男性の考え方となります。「体は女性」ですが「心は男性」となるのは、このようなことからです。

また、男性と女性を一〇〇〇回交互に生まれたとき、男性の心と女性の心が半分ずつとなります。男性と女性のどちらも同じくらいの心となって、男女どちらでも性行為ができるようになります。

このように、永遠の生命からトランスジェンダーの問題を見ることができます。現在「体は女性」で「心は男性」の方も、心が女性のときもほんとうはあったのです。その逆もしかりです。

私は男性ですが、自分では前世は女性だったような気がします。それは思考が女性だからです。洗濯や料理といった家事が好きで、とくに家でミシンを使うのは私だけです。ズボンの裾上《すそあ》げや子どもが保育園に通うときのカバンもつくりました。小学校五年生で家庭科の授業を一年間受けたときには、枕カバーをミシンでつくり、表側は手縫《てぬ》いで〝ゲゲゲの鬼太郎〟と〝ねずみ男〟を刺繍《ししゅう》して展覧会に出品されました。ですから、家庭科の授業は大好きでした。

しかし、いまは永遠の生命を説いた「法華経」と出会い、三世の因果律で物事がきちんと見られるようになったので、僧侶をやっています。おかげさまで、ほんとうにいろいろな問題を解決することができるようになりました。

これは私の個人的な見解ですが、永遠の生命からトランスジェンダーを見たとき、まずは一八歳までは生まれたままの性別で過ごしてみましょう。そして、生まれてきた性別で生きる努力をします。それでも、いまの性別ではどうしても生きづらいようであれば、そのときは性転換手術を受けて、性別を変える手続きをすればいいと思います。しかし、性転換手術を受けないのであれば、生まれたときの性別のトイレを使い、公衆浴場を使うことを提案します。

そして、できる限り「法華経」の永遠の生命ということを知っていただき、過去世において人間は「男性」「女性」のどちらにも生まれていることを知り、できる限り生まれてきた性別で過ごせるよう努力することをオススメします。

第八章

みんな宇宙と一体

(一) 久遠本仏は宇宙そのもの

仏教では「法華経」のなかで、宇宙に存在するすべての人や物に、仏性である「九識」が存在すると説いています。たとえば、身近にいる犬や猫から道端に転がっている石ころに至るまで、仏様の生命である「九識」が存在すると説きます。

もっと大きく考えると、地球にも「九識」があります。このように仏教では「宇宙そのもの」が、じつは仏様の当体《とうたい》であって、「久遠本仏」そのものなのです。

「久遠本仏」を「月」に例えてみましょう。インドで生まれた仏様は、池に映った月のようなものです。本物の月は夜空に出ています。つまり、お釈迦様は「久遠本仏」という本体から分身して、人間に姿を変えてインドに生まれてきたのです。また、「久遠本仏」は「宇宙そのもの」ですから、形がないので、絵に描くことはできません。現在、いろいろな国や地域の美術館・寺院にお釈迦様の絵や像がありますが、これらはすべて「久遠本仏」の分身としての仮の仏様なのです。

宇宙に存在するものには、すべて「仏様の生命」が宿っています。そのすべてのもとが「久遠本仏」なのです。

そのため「法華経」では、「久遠本仏」のことを「宇宙そのもの」と説いています。また、「久遠本仏のお心」を文字に顕したのが「御本尊様」であり、その中央に書かれている「南無妙法蓮華経」とは「久遠本仏の名前」です。

(二) 人間は久遠本仏の体内で暮らしている

人間と「久遠本仏」の関係について説明します。「法華経」にはその関係について、次のように説かれています。

●久遠本仏は私たちの「主人」である
●久遠本仏は私たちの「師匠」である
●久遠本仏は私たちの「父と母」である

これを「主《しゅ》・師《し》・親《しん》の三徳《さんとく》」といいます。まとめると、「久遠本仏」は次のようになります。

○私たち人間の「主人の徳」を備えた仏様

○私たち人間の「師匠の徳」を備えた仏様
○私たち人間の「親の徳」を備えた仏様

「久遠本仏」には形がありませんが、仮に人の体に例えると、私たちは「久遠本仏」の体内に存在している腸内細菌のようなものです。

腸内細菌は人の体のなかで、さまざまなはたらきをします。そのはたらきがあるからこそ、人は体のバランスを保っています。しかし、腸内細菌が本来の役目を果たさずに自分勝手なことばかりしていると、体のバランスは崩《くず》れて病気になってしまいます。

このように「久遠本仏」の体内の腸内細菌である人間は、ほんとうは仏様の子どもであり、弟子であり、使用人であるにもかかわらず、本来の自分のなすべき役目を忘れて、自我の欲望のまま好き勝手に生きています。そのため自己の利益を優先して、森林を破壊し、工場などから出る有害物質によって海を汚染し、飛行機やロケットをたくさん飛ばして二酸化炭素を大量に排出し、衛星を打ち上げてはダメになったものを地球の周りのスペースデブリ(宇宙ゴミ)にするなど、地球規模で環境を破壊しています。これは本来の人間としての役目を忘れている証拠です。

そして、いままさに地球温暖化によって永久凍土が溶け、海面が上昇し、ゲリラ豪雨による災害があとを絶ちません。阪神・淡路大震災、東日本大震災、熊本地震、能登半島地震など、日本の各地で大地震が多発しています。日本だけでなく、世界各地でも大地震が頻発《ひんぱつ》しているのは周知のとおりです。

仏教では、地震の原因を「不孝者が多くなると起こる」と説いています。大地を守る「地神《ちじん》」にとって、「不孝者」は非常に重く、そのような人が多くなると重さに耐えられなくなって、「不孝者」を振り払うために地面を揺らして地震を起こすのです。

ほんとうは「久遠本仏」である宇宙や自然と人間は、一体でなければなりません。ところが人間は、いまはその反対の行為をしているのです。

温暖化が進んで世界各地で災害の多発する頻度が高まったことで、このままでは地球が滅んでしまうことに気づき、各国で二酸化炭素の排出量を規制しはじめました。ただ、それを守らない国があり、現在に至っています。

守らない理由は簡単です。「いかり」「むさぼり」「愚か（＝愚痴）」という「三毒」が強く盛んだからです。人間が「久遠本仏」と一体になることは、「菩薩界」の生命を中心にして生きることです。

三　正しい人間の生き方

人間は「久遠本仏」と一体です。その「久遠本仏」の法号は「南無妙法蓮華経」といい、私たちのなかにある仏様の生命の名前も「南無妙法蓮華経」と称します。

また、この「南無妙法蓮華経」を人間としてあらわすと、「本化上行菩薩」である「日蓮大聖人」となります。

「妙法蓮華経」は永遠に変わらない宇宙の真理であると同時に、仏様のお心そのものです。

宇宙には「妙」であるけれども、ある一定の「法(法則)」があります。たとえば、地球は太陽の周りを回っていますし、人間の顔には目が二つ、口が一つあり、そのあいだに鼻が一つついています。このように、ある一定の「法(法則)」のうえに成り立っているのです。

また、「妙」なる「法(法則)」とは「因果応報」であり、「因果律」のことでもあります。「妙法蓮華経」は、それを「蓮華」に例えているのです。一般に実がなる植物は、花(=華)が咲いてから実がなりますが、「蓮《はす》」は「華《はな》」が咲いたと同時に実がついていることから、「因と果が同時」ということを示しています。

たとえば、悪い業因を積んでしまったとしましょう。その業果が顕れるには少し時間がかかります。その期間が「一日・一週間・一月・一年・一〇年・来世・来世……」だったとしても、永遠の生命から見たら同時なのです。これが簡単な「妙法蓮華経」の説明になります。「妙法蓮華経」を詳しく説明するとたいへん長くなりますので、このくらいで留めます。

先述した「久遠本仏」の腸内細菌のはたらきというのが、この「妙法蓮華経」に

「南無（＝身も心も捧げる）」することなのです。「妙法蓮華経」が示すとおりに「南無」して生きていくことが、「正しい人間の生き方」なのです。

では、いったい「妙法蓮華経」に「南無」する生き方とは、どのようなものなのでしょうか？

その答えは、お釈迦様から全権委任され、末法時代の衆生を救う「本化上行菩薩」である「日蓮大聖人」が示しています。それは次のようになります。

①「五常」「五戒」を守ること

②「四恩報謝《しおんほうしゃ》」に努めること

仏教は人間に説かれていますので、「五常」「五戒」は人として守るべき基本になります。そのうえで、四つの恩に感謝して、その恩に報いていくことです。「四恩報謝」は、次の四つになります。

❶ 超自然、宇宙の恩に感謝し報いる　**（＝三宝の恩）**
❷ 国家の恩に感謝し報いる　**（＝国の恩）**
❸ 世界の人たちの恩に感謝し報いる　**（＝一切衆生《いっさいしゅじょう》の恩）**
❹ 両親とご先祖の恩に感謝し報いる　**（＝父母の恩）**

この四つの恩を知って感謝し、その恩に報いていくことが、人間として正しい生き方なのです。四つの恩について、それぞれ詳しく説明していきましょう。

❶ 超自然、宇宙の恩に感謝し報いる

私たちは空気や太陽といった超自然がないと生きていけません。そのため、超自然や宇宙の恩に感謝して、その恩に報いていく必要があります。その方法はたくさんあります。たとえば、エコ活動です。自然環境に配慮して、資源を大切に使い、二酸化炭素をあまり出さないような生活を心がけ、自然を汚さず壊さないようにしていくことが大切です。

❷国の恩に感謝し報いる

国とは、政府や政党という意味ではありません。私たちは日本という国家があることによって、いろいろな面で守られています。たとえば、道路・電気・ガス・水道といったインフラをはじめ、社会制度など多岐にわたります。また、海外旅行に出かけたり、外国の食べ物を口にしたり、海外の製品を買えたりするのも、国家があるからこそできることでしょう。さらに、食料自給率の低い日本では、外国からの輸入によって、食生活が守られています。

この恩に報ずるには、税金をきちんと納め、その国税を大切に使い、国民が安心して暮らせるように考えることが大切です。生活保護を受給している人に対して自立できるよう支援をすることも、国益につながりますので、国の恩に報いることになります。また、日本のために命を犠牲にされた方々が祀《まつ》られている靖國《やすくに》神社に感謝の気持ちを込めて参拝することも、この恩に報いることになります。

❸ 世界の人たちの恩に感謝し報いる

私たちは世界中の人たちとのつながりのなかで生かされています。たとえば、着ている服も「デザインをする人、材料をつくる人、服をつくる人、運搬する人、店に並べて売る人」などがいて、はじめて手に入るわけです。このように私たちの暮らしは、さまざまな人たちの手によって支えられています。ですから、それに感謝して、その恩に報いることが大切です。

たとえば、お金をたくさん持っている人は、お金に困っている人や福祉活動をしている団体に寄付をすれば、この恩に報いることになります。人の悩みや苦しみを取り除いてあげることやお互いに助け合う心を持つことが、人間としての正しい生き方なのです。

聖徳太子《しょうとくたいし》（厩戸王《うまやとのおう》）の「十七条憲法」の冒頭には、「和《やわら》かなるを以《もち》て貴《とうと》しとし……」とあります。これは「法華経」の精神に通じます。

私のお寺では、檀家さんからいただいた食べ物は、まずご宝前《ほうぜん》（＝お仏壇）にお供えします。そして全部お寺で食べきれないようであれば、近くの檀家さんやお寺にいらした方に分けます。そうしたことが、昔は隣近所で広く行われていました。これも「和」になります。

また、お釈迦様は永遠の生命ということから、「一切衆生皆《いっさいしゅじょうみな》これ父母《ふぼ》なり」とおっしゃっています。これは、次のように思いなさいという意味です。

●男性を見たら、これは過去世の自分の父親である
●女性を見たら、これは過去世の自分の母親である

人間はそれほど生まれ変わっているのです。このような考え方を世界中の人たちが持てば、ほとんど争いごとは起きないのではないでしょうか。

私の次男が高校生のとき、遊びがてら友人をうちのお寺に連れてきました。次男が入学していた自衛隊の高校には、全国から生徒が集まっていました。その友人は四国の生まれで、中学生まではそこで暮らしていたそうです。彼は三人兄妹のいちばん上で、すぐ下に妹がいます。両親は、彼がまだ幼いころに離婚して、その後は父親と一緒に暮らしていました。

しばらくして、父親が再婚してから、もうひとり妹ができました。再婚した母親とは、とても仲がよかったのですが、なかなか「お母さん」とは呼べなかったそうです。いちばん下の妹が四歳くらいのとき、「お兄ちゃんは、なんでお母さんのことを『お母さん』って呼ばないの?」と聞いてきたので、彼もこれはまずいと考え、そう呼ぼうと思ったのですが、どうしても「お母さん」とは言えなかったということです。

彼の悩みを聞いて、私は「人間は永遠の生命を持っていて、生まれては死ぬことを何度も繰り返しているんだ。だから、君はラッキーじゃないか。過去世のお母さんにもう一度会えたんだから。そう思えば『お母さん』って呼べるだろ」と助言しました。すると彼はハッとした顔になり、「そうかっ! わかりました」と声を弾ませたのです。

その後、彼は四国の実家に帰ったとき、ようやく「お母さん」と呼べたそうです。

それ以来、今日に至るまで、彼は心から「お母さん」と呼べるようになったと言っていました。

また、「和」は非常に大切なことです。人間は完璧ではありません。いろいろなことが欠けています。欠けているところをお互いに補って、その穴を埋めていくことで、「人間の和」ができます。

それが広がれば、「家族の和」「地域の和」「国家の和」「世界の和」「宇宙の和」と発展していきます。

●人間の和
↓
●家族の和
↓
●地域の和
↓

●国家の和 ⬅ ●世界の和 ⬅ ●宇宙の和

これが「妙法蓮華経（＝法華経）」のすばらしさです。また「妙法蓮華経」のことを「円経《えんきょう》」ともいい、これは「完全無欠の教え（欠けることのない完璧な教え）」という意味です。

「法華経」の教えを取り入れた聖徳太子（厩戸王）は、「妙法蓮華経」の心は「円」であり、「円」を「和」として「十七条憲法」の冒頭に取り入れたのでしょう。

「和」に関しては、ある番組で興味深いアパートの取り組みが紹介されていました。このアパートの住人は後期高齢者がほとんどで、家賃は普通に満額を払っているそうです。ただ、数名の若い青年たちが入居していて、彼らは家賃を半額にしてもらう代わりに、毎日一件ずつ同じアパートの住人に声がけをしています。これは孤独死を防ぐための試みで、ほんとうに良い取り組みだと思いました。お互いの足らないところを補っているので、まさしく「円」であり「和」であり「妙法蓮華経」の心そのものです。

私たちは、世界中の人たちのおかげで生きられるのです。その恩に報いる方法はたくさんあります。おのおのができることをする姿勢が、人として大切です。

❹両親とご先祖の恩に感謝し報いる

私たちが生まれて最初に恩恵を受けるのが、父と母です。

私たちには、必ず両親がいます。その両親にも、それぞれ両親がいます。そうやって約二七代の先祖をたどると、私たちには一億三〇〇〇万人くらいのご先祖がいることになります。これはおおよそ日本の総人口に値します。たった二七代の先祖をさかのぼっただけで、これだけの人数になるのです。

このことを、よく考えてみてください。ご先祖のなかの誰かひとりでも欠けていたら、私たちは生まれてくることができなかったのです。そう考えると、ご先祖の存在はほんとうにありがたいものです。

仏教では、この恩に報いる方法を三つ説いています。

(1) 両親にものを買ってあげること

未成年で収入がないときは、一日に二〜三度、親に笑顔を見せてあげましょう。親は子どもの笑顔や元気な姿を見ると安心します。また、親を心配させないことです。(＝下品《げぼん》の親孝行)

(2) 親の言うことを聞いてあげること

ただし、いくら親に言われたことでも、「やっていいこと」「やってはいけないこと」があります。たとえば、親に「万引きをしてこい」「ものを盗んできなさい」など法律に触れるようなことを言われた場合は、親の言うことを聞く必要はありません。それ以外のことは、できるだけ親の言うことを聞いてあげましょう。(＝

中品《ちゅうぼん》の親孝行）

(3) 正しい仏法を両親に教えること

親が亡くなっている場合は、「法華経」で回向供養をしてあげましょう。また、ご先祖も「法華経」で回向供養をしてあげてください。（＝上品《じょうぼん》の親孝行）

このように、いま自分が存在できていることに感謝し、これら四つの恩に報いていくことが、人間としての正しい生き方なのです。

㈣ 地獄から抜けだす方法

じつは、地獄は二種類あります。生きているときの「生き地獄」と「死後の地獄」です。

これらの地獄から抜けだす方法を説明しましょう。

①「生き地獄」から脱出する方法

四つの恩に感謝して、その恩に報いることです。それでも、私たちはさまざまな「宿業」を持っているので、「縁」に触れることでいろいろと悪いことが起きてきます。

そこで、なるべく「悪い縁」に触れないようにして、多くの「善い縁」に触れるようにすれば、ある程度は地獄のような生活を防げます。そして、できるだけ善い行いをして「善業の因」を積みましょう。それによって同等の「現在世で積んだ悪業の因」が帳消しになることもあるので、その行為は確実に未来において自分を悩ませることをどんどん減らしてくれます。まずは自分の欲望を抑え、「欲をなるべく少なくして、足りることを知る」ことが大切です。

また、ＤＶ（ドメスティック・バイオレンス）などの暴力を振るわれているような地獄の場合は、ただちにそこから逃げることです。なぜなら、ＤＶをする人は、その行為をやめることがなかなかできません。ＤＶをするというデータがその人の「八識」に詰まっていて、習慣的にその生命が出てくるからです。

このようにDVをする人はすぐには変わらないので、ただちにその「悪縁」から離れる必要があります。これは自分の心がけでどうにかなるものではありません。相手の持っている「八識」の問題です。その「悪縁」を切るためにも、すぐに離婚することをオススメします。

②「死後の地獄」から抜けだす方法

死後の世界は「受け身」ですので、自分ではどうすることもできません。ここから抜けだす方法はただひとつ、自分の子孫に『法華経』で回向供養してもらうこと」です。そうすれば、地獄界から抜けだすことができます。そして「法華経」の功徳によって、地獄界の苦しみから解放されるだけでなく、最高で天上界までその人を救うことができます。

もうひとつ、私たちがご先祖を救う最高の方法があります。それは私たちが自ら「法華経」を信じ、正しく信仰して、自分が成仏することです。そして自分が成仏する以上に功徳を積めば、積んだ功徳に応じて両親や祖父母をはじめ、それ以前のご先祖を救うことができます。

それだけではありません。自分が成仏するということは、食材とした牛・豚・鳥・野菜・果物といったものまでが、その命を仏様に供養したことになり、食べられたものがすべて成仏するのです。それが「法華経」のほんとうにすばらしいところです。

このことについて、もう少し説明します。

③ 餓鬼界から抜けだす方法 ―― 盂蘭盆会《うらぼんえ》

毎年七月や八月になると「お盆」があります。正確には「盂蘭盆会」といい、盂蘭とは「逆さ吊りの苦しみ」という意味です。盂蘭盆会の由来は、お釈迦様の十大弟子のなかの神通力にすぐれた「目連尊者《もくれんそんじゃ》」が、餓鬼界に堕ちた母親を救ったという話にちなみます。

目連尊者の実家は非常に裕福で、使用人をたくさん使っていました。しかし、彼の母親はものすごく「ケチな人」でした。使用人のお給料を「出し惜しみ」して、つまり本来払うべき給料を満額払うことはいっさいしなかったのです。彼女はそのほかにも、本来与えるべき物品や金銭を人に与えることをしませんでした。

そんな母親が亡くなって悲しんでいた目連尊者は、ふと「自分の母親はどのような死後の世界へ行ったのか」と気になって、得意の神通力を使って彼女を探します。すると、母親は「餓鬼界」という非常に「苦しい死後の世界」にいました。その姿は極限まで痩《や》せ細り、首は糸のように細く、手足は骨と皮だけで、お腹はガスがたまって膨《ふく》らみ、いまにも死んでしまいそうでした。

驚いた目連尊者は神通力を使って、すぐにご飯を差しだしますが、そのご飯を食べたとたんに母親が燃えてしまいました。急いで水をかけるのですが、油を注いだように激しく燃えてしまいます。自分ではどうすることもできなくなった目連尊者は、お釈迦様のところへ行って助けを求めました。

お釈迦様は「おまえの母親は、生きているときに出し惜しみをした結果、『慳貪《けんどん》の罪《つみ》』によって『餓鬼界』に堕ちてしまった。七月一五日に僧侶が九〇日間の修行を終えて出てくるから、そのときにお盆に食べ物をのせて『食施《しょくせ》(=食べ物のお布施のこと)』をしなさい」とおっしゃいました。目連尊者が言われたとおりに大勢の僧侶たちに食施をしたところ、母親は「餓鬼界の苦しみ」から抜けだせたのです。このことから、お盆のときには、お布施をお盆の上にのせて出す習慣が生まれたといわれます。

じつは、この話には続きがあります。目連尊者が「法華経」を信じた功徳によって、自身が成仏しただけでなく、餓鬼界に堕ちていた母親も一緒に成仏したのです。しかも、それだけではとどまらず、なんと七代以上前のご先祖をすべて救ったというのです。

それだけ「法華経」には無限大の功徳が詰まっています。その無限大の功徳をいただくには、「法華経」を正しく信じて、「身・口・意の三業」で修行する必要があります。ですから、最高の親孝行は自分の両親に正しい仏法である「法華経」を教えることであり、もし両親が亡くなっていれば、「法華経」で回向供養してあげることなのです。

㈤ 死後はどうなる？

人が死ぬと、まず「幽体離脱（＝『八識』が肉体から離れること）」して、自分の体から「八識」が抜けだします。ほとんどの人が病院で亡くなると思います。その後、自宅に戻り、布団に寝かされて、いろいろと葬儀の準備が段取られます。

本来はこのときに、僧侶が故人の枕元で「枕経」を唱えて回向供養をします。最近では「枕経」を唱える僧侶が少なくなりました。

故人は「枕経」「お通夜」「告別式」の三回の回向供養を受けてから火葬されます。

このときの死相が、死後の世界をおおよそ決定します。

その後、七日おきに初七日忌《しょなのかき》・二七日忌《ふたなのかき》・三七日忌《みなのかき》・四七日忌《よなのかき》・五七日忌《いつなのかき》・六七《むなの》日忌《かき》・七七日忌《なななのかき》（＝四十九日忌《しじゅうくにちき》のときに納骨します）の供養が行われます。そして、その後は百ヶ日忌《ひゃっかにちき》・一周忌・三回忌・七回忌・十三回忌・十七回忌・二十三回忌・二十七回忌・三十三回忌という故人を供養する日があります。

これは、簡単にいうと裁判です。私たちが生きているときに行った「善業」と「悪業」における裁判をしているのです。このとき故人の子孫が「法華経」で回向すると、その判決で罪が軽くなるわけです。

これは、刑事裁判のときの「情状証人《じょうじょうしょうにん》」に似ています。「情状証人」は被告人の刑が少しでも軽くなるようにと、被告人の人となりや生活状況、今後の更生に向けてどのように監督していくかなどについて話しをする証人のことです。自分の子孫が初七日忌から四十九日忌までに計七回の回向供養をすると、亡くなったときの死相の結果よりも苦しみの少ないところへ必ず行くことができます。

自殺をして最悪の死相の人でも、「法華経」で回向供養をすると、ほんとうに死相が変わります。これを四十九日忌まで計七回行えば、その罪が軽くなることは明らかです。

ほとんどの人が四十九日忌には霊界である死後の世界へ旅立ちますが、罪が重いほど裁判は長くなります。これは生きている私たちの裁判も一緒です。そして、最終的には罪が重ければ、最長で三十三回忌までこの裁判が続きます。ですから、このような者が再び人間として生まれ変わる場合、最短で三十三回忌以降となります。

ちなみに、あの世とこの世のあいだに「三途《さんず》の川」があることはよく知られています。じつは、この川は「三悪道に堕ちた人」が渡る川なのです。

「法華経」による回向供養によって、三悪道に堕ちたご先祖の人たちも「天上界の喜びの世界」まで上げることができます。そのためには、四十九日忌までの供養がもっとも大切です。

本来、初七日忌は告別式が終わって火葬したあとに行うのが正しいやり方です。しかし、たまに葬儀場や時間の都合で「告別式のときに初七日忌を一緒にやってください」と言われることがあります。これは道理から外れてしまうので、私は絶対にしません。

ところが、その依頼を断ってしまうと、式場の人たちに嫌な顔をされることがあります。しかし、故人にとっては一生に一度、それも最初で最後の葬儀です。式場の人たちにとっては毎日こなしている業務の一環でしょうが、遺族側からすれば、きちんとやってほしいに違いありません。永遠の生命から見れば、どの人もみんな身内です。そのように思って仕事をするのと、業務として仕事をしているのとでは、まったく違ってくるでしょう。

人は永遠の生命を持っていて、死後も生きています。私たちが卒塔婆《そとば》を立てて回向供養をすることは、霊界にいるご先祖に食べ物や生活費を送っているのと同じなのです。そもそも卒塔婆は、どこにいるのかわからないご先祖に対して、この卒塔婆を通して供養を送るためのものです。

もう少しわかりやすく説明すると、卒塔婆は「宅配便」のようなものです。送る箱の中身は「私たちが積んだ功徳」で、その功徳とは「四恩報謝の実践による功徳」です。そのため、功徳を積まないで回向供養をしても、宅配便の箱の中身はからっぽなので、ご先祖が暮らす霊界ではなんの役にも立ちません。

要するに、死後の世界はどこか別のところにあるのではなく、人間の心の奥の「八識そのもの」なのです。これをわかりやすく言うと、「四次元の世界」となります。

㈥ 成仏するとどうなる？

私は以前、師匠から成仏した人の話を聞いたことがあります。

その人は、日蓮大聖人が書いた「御本尊様」を家の仏壇に安置して、毎日一生懸命に「法華経」を読み、「南無妙法蓮華経」と唱えていたそうです。そして「四恩報謝」の実践もきちんとされ、五〇代でガンになって病院に入院し、師匠がお見舞いに行った三日後に息を引き取りました。

その人が亡くなった日、師匠はご自身の師匠と一緒に道場にいたそうです。物音がしたのでそちらを向くと、亡くなった本人がドアを通り抜けてきて、二人の前に立って「いままでお世話になりました」とあいさつをしたといいます。そして、その人は道場の「御本尊様」の前に正座をして「法華経」を読経し、「南無妙法蓮華経」と唱えながら発光体になって「御本尊様」のなかに入っていったそうです。

成仏した人は、決して三途の川を渡ることや、初七日忌から始まる裁判などを受けることがありません。死後、すみやかに仏様と同じ心を文字にされた「御本尊様」の世界に入っていけます。そこは「霊山浄土《りょうぜんじょうど》」という成仏した人たちが集まる世界なのです。

㈦ 宿業を変える方法

「宿業」を変える方法がひとつだけあると先述しましたが、その方法を教えます。

過去世で積んだ「悪い業因」は、基本的に変えることはできません。しかし、「法華経」には無限大の功徳が詰まっているので、「法華経」を信じて、日蓮大聖人の「御本尊様」に「南無妙法蓮華経」と唱え、「四恩報謝」の実践をしていくと、「宿業」が変わります。

どのように変わるかというと、たとえば、ある人が三〇歳のときに交通事故で死亡しなくてはならない「宿業」を持っていたとしましょう。この人が二五歳のときに、「法華経」の信仰を日蓮大聖人の言うとおりに修行したとします。すると、交通事故にはあいますが、両足を切断するケガですんだり、骨折だけですんだり、打撲だけですんだりというように、本来受けるべき宿業より軽く受けることができます。このことは、第五章の因果律のところで少し触れました（82ページ参照）。

これを「転重軽受《てんじゅうきょうじゅ》の法門《ほうもん》」といいます。これは「本来受けるべき重き悪業（宿業）を転じて、軽く受けることができる」という教えです。

「法華経」を信じて、「御本尊様」に「南無妙法蓮華経」と唱え、「四恩報謝」の実践をして正しく信仰している人は、どんなに悪いことが起きたとしても、それは本来受けるべき「宿業」を軽く受けていると心から思えるので、いつもニコニコしていて元気がいいのです。そして、そういう人は常に自分の人生を前向きに生きることができます。

これが、自分の「宿業」を変える唯一の方法なのです。

おわりに

私たち人間は、仏様と同じ生命をみんな平等に持っています。しかし、私たちは久遠の遠い過去世から、たくさんの「悪い業」と「善い業」を積んでいるために、身体・学力・体力・生まれた環境など、さまざまな差別を持っています。そのことが、人にいろいろな「悩み」「苦しみ」を引き起こしているのです。しかし、それが自分で積んできた「業」によって起きていることは、この本を読めばわかると思います。

私たちは誰もがほんとうに「しあわせになりたい」と、心から思って生きています。しかし、目先の欲望に目がくらみ、その欲望を求めるあまりに「不幸」が始まるのです。真のしあわせとは、私たちの「八識」の奥にある「九識」を顕して成仏することにほかなりません。仮に成仏できなくても、「四恩報謝」の実践をしていけば、「菩薩界」までは行くことができます。

人は「四つの恩に感謝して、それぞれの恩に報いていく」という人生を送れば、絶対に「三悪道」に堕ちることはありません。少なくとも「天上界」より上には行けます。

現在は「人生一〇〇年」という時代です。自分の人生が「しあわせ」かどうかは、ほんとうのところ寿命がくるまでわかりません。

仮に八〇年を生きるとしたとき、七五年間はほんとうに何不自由なくしあわせに生きたとします。しかし、最後の五年間がものすごい貧乏生活で、不幸でつらい暮らしを送ったりすると、その人の人生はすべて「不幸な人生」と感じてしまうのです。反対に、七五年間は不幸な人生を送っていたけれども、最後の五年間をしあわせに過ごせたならば、その人の人生はすべて「しあわせ」に感じるでしょう。

せっかく人間として生まれてきて、汚れた「八識」をきれいにするチャンスをもらったのですから、四つの恩に報いてたくさん善業を積んで、自分の

「八識」に詰まったデータを「悪業」から「善業」に変えてください。自分の両親やご先祖を大切にして、すべての世界の人たちに感謝して、国や超自然・宇宙の恩に報いていく人生こそ、私たち人間の示すべき姿なのです。それが「久遠本仏」の腸内細菌としての役割を果たし、宇宙と一体となった人間の生き方です。

最後になりますが、自殺をしてしまうと、ほんとうにいま以上に苦しい死後の世界へ行ってしまいます。生きている現在しか「八識」を変えることはできません。せっかく人間として尊い生命をいただいたのですから、ぜひここでもう一度「生きる選択」をしてくださるよう、切に願っております。

弘宣院《ぐせんいん》　内田《うちだ》日泰《にったい》

●著者プロフィール

内田 日泰（うちだ にったい）

1965年（昭和40）、千葉県生まれ。立正大学仏教学部宗学科を卒業後、実家の寿司屋に勤務。27歳のときに僧侶になる決意をして出家し、1994年（平成6）に内田正泰（しょうたい）として日蓮宗の僧侶となり、新寺建立した父親の後を継ぐ。御開山が亡くなり、内田日泰と改名。現在は弘宣院の第二祖として住職をつとめるかたわら、各地で「法華経」や日蓮大聖人の教えをわかりやすく説いている。

ブックデザイン：ユリデザイン 中尾香

生命《いのち》のトリセツ
――自殺をしても楽にはならないナルホドな理由――

令和6年 7月11日　第１刷発行

著　　者　内田日泰
発 行 者　赤堀正卓
発行・発売　株式会社 産経新聞出版
〒100-8077 東京都千代田区大手町1-7-2
産経新聞社8階
電話 03-3242-9930　FAX 03-3243-0573
印刷・製本　サンケイ総合印刷株式会社

ISBN978-4-86306-179-8　C0015